Patrick Twardon

Rock dein Leben mit SuperGewohnheiten

MIT 5 GEWOHNHEITEN ZUR BESTEN VERSION DEINER SELBST!

★ ★ ★ ★ ★

Es ist Zeit, eine neue Geschichte über sich selbst zu erzählen.

Eleanor Roosevelt

Auf eine Aktion folgt immer eine Reaktion – dies ist eine unumstößliche Wahrheit. Aktionen und Verhaltensweisen, die du heute an den Tag legst, bestimmen deine Zukunft. Dein Leben ist also nichts anderes als die Summe deiner Aktionen. Aber wie viele dieser Aktionen werden bestimmt durch deine Gewohnheiten? Und welchen Einfluss haben deine Gewohnheiten auf die Qualität deines Lebens? Ich sage dir: Viel mehr als du dir hast träumen lassen!

Warum du dieses Buch brauchst

Wenn mir jemand von einem Menschen erzählt, dem es gerade nicht so gut geht, dann will ich als Erstes wissen, wie derjenige so lebt. Lebt dieser Mensch sein Leben zielgerichtet? Liest er regelmäßig? Macht er Sport? Tut er etwas für seinen Geist? Das mag sich im ersten Moment seltsam anhören und lass dir gesagt sein, ich musste schon einiges Gelächter einstecken, aber ich bleibe meinen Fragen treu. Auch meine persönlichen Ratschläge basieren auf diesen Faktoren. Schon lange bevor ich mit dem Schreiben dieses Buches begonnen habe, habe ich meine Fragen gestellt und wahrscheinlich werde ich das auch noch tun, wenn ich Enkelkinder habe. Nun möchte ich dich, liebe Leserin und lieber Leser, mit den selbigen konfrontieren:

- *Lebst du dein Leben zielgerichtet?*
- *Liest du regelmäßig Bücher?*
- *Tust du etwas für deinen Geist?*
- *Bewegst du dich täglich?*
- *Ernährst du dich bewusst?*

Falls du alles direkt mit einem überzeugten Ja beantworten kannst, herzlichen Glückwunsch! Du bist ein Superstar und es ist toll, dass du bereits so viel für dich tust! Sollte es dir noch nicht so gehen: Spätestens nach der 30-Tage-Challenge am Ende dieses Buches wirst du alle Fragen bejahen können. Fantastisch, dass dieses Buch dich begleiten darf auf dem Weg, die beste Version deiner selbst zu werden.

Die meisten Bekannten oder Freunde, mit denen ich darüber gesprochen habe, können ein bis drei Fragen mit Ja beantworten. Fast niemand bejaht alle fünf Punkte und es gibt genug Personen in meinem Umfeld, die alle Fragen verneinen. Macht sie das zu besseren oder schlechteren Menschen? Weder noch! Aber ich möchte behaupten, dass, sollte die Antwort auf alle fünf Fragen Ja lauten, sie zu den eher zufriedeneren und glücklicheren Menschen gehören. Ich selbst bin durch diese Faktoren zu einem solchen Menschen geworden. Vor geraumer Zeit war ich sehr ziellos, steckte in einer Krise und habe nach Wegen gesucht, die mir helfen können. Im Nachhinein kann ich sagen, dass die Entwicklung meiner Gewohnheiten mich zu eben diesem zufriedenen Menschen gemacht hat. Und nun möchte ich mein Geheimnis gerne mit dir teilen – die SuperGewohnheiten.

Ich werde dir in diesem Buch erzählen, warum gerade diese fünf Verhaltensweisen für mich zu SuperGewohnheiten geworden sind und wie ich es geschafft habe, das Ganze in die Tat umzusetzen. Sie haben mein Leben drastisch und vom ersten Tag an verändert. Ich werde dir von den Vorteilen dieser Gewohnheiten berichten und warum es völlig ausreicht, fünf SuperGewohnheiten zu haben, anstatt zu versuchen, sich unzählige andere anzueignen. Ich glaube daran, dass Kontinuität, Rituale und wiederkehrende Aktivitäten absolut entscheidend dafür sind, ob jemand ein stabiles Leben lebt.

Folgende fünf Aktionen werden von nun an auch dein Leben inspirieren:

★ **Das Formulieren von SMARTen Zielen**

★ **Das Lesen**

★ **Das Meditieren**

★ **Der Sport – Die Bewegung**

★ **Das Intervallfasten**

Das eine oder andere Thema auf der Liste wird dir sicherlich bekannt vorkommen, vielleicht sogar alle. Ich habe an dieser Stelle das Rad sicherlich nicht neu erfunden, aber ich würde dir gerne einen neuen Blickwinkel auf die einzelnen Aspekte ermöglichen. Ich möchte dir erklären, warum die gewohnheitsmäßige Ausführung dieser fünf Verhaltensweisen eine absolute Notwendigkeit für jeden darstellt, der nach Zufriedenheit, Stabilität und Glück in seinem Leben strebt.

Du hast dir dieses Buch gekauft. Offenbar willst du deinem Leben eine neue Richtung geben. Sicherlich hast du die Motivation und den Glauben, dass du durch neue Gewohnheiten die Qualität deines Lebens steigern kannst. Und damit liegst du genau richtig! Was dir jetzt noch fehlt, ist das Wissen, wie du das am besten anstellst. Die meisten Menschen würden anfangen, ausschließlich ihr Verhalten zu analysieren, und würden versuchen, auch nur dieses zu ändern. Das ist allerdings lediglich die schnelle Lösung, der es an Nachhaltigkeit mangelt. Der Grund: Veränderung findet nicht nur auf der Verhaltensebene statt, sondern darüber hinaus auf vier weiteren Ebenen:

1. **Die Umweltebene:** Deine Umwelt ist entweder förderlich oder sie ist destruktiv. Den Teil der Umwelteinflüsse, auf den du einwirken kannst, solltest du auch unbedingt zum Positiven verändern!

2. **Die Gewohnheitsebene:** Dein heutiges Verhalten wird zu deinen zukünftigen Gewohnheiten.

3. **Die Motivations- und Werteebene:** Die falsche oder fehlende Motivation führt zu schlechten oder ausbleibenden Ergebnissen. Welche Werte sind in deinem Leben wichtig?

4. **Die Glaubensebene:** Dein Gehirn ist wie ein Supercomputer, der deine Glaubenssätze speichert und wiedergibt – egal ob sie positiv oder negativ sind. Fehlt dir der Glauben, dass du etwas schaffen kannst, ist es fast unmöglich, es zu erreichen.

In diesem Buch arbeiten wir in erster Linie auf der Umwelt- und Gewohnheitsebene. Wie bei dem Bau eines soliden Hauses stellen diese Ebenen das Fundament dar.

Meine fünf SuperGewohnheiten sollen nicht nur eine Phase auf deinem Lebensweg darstellen, sondern ein beständiger Teil deines Alltags werden. Du wirst etwas entwickeln, was der Masse an Menschen fehlt: Stabilität und Beständigkeit. Aber auch Disziplin und Ausdauer gehören dazu. Meines Erachtens nach ist genau diese Kombination aus Attributen das Geheimnis kontinuierlich zufriedener und erfolgreicher Menschen.

Ich werde dich an die Hand nehmen und dir in zwei einfachen Schritten zeigen, wie du die Verhaltensweisen erfolgreich zu Gewohnheiten werden lässt. Am Ende wirst du dein neues Wissen in der 30-Tage-Challenge unter Beweis stellen können. Du wirst feststellen, dass du mit recht kleinen Anpassungen in deinem Alltag einen großen und nachhaltigen Effekt auf dein komplettes Leben erzielen kannst.

Um es mit Hermann Hesses Worten zu sagen: „Und jedem Anfang wohnt ein Zauber inne, der uns beschützt und der uns hilft, zu leben." Also lass uns anfangen! Du hast den Mut bewiesen, den ersten Schritt zu gehen, und stehst kurz davor, dein Leben aktiv und bewusst zu verbessern. Ich wünsche dir viel Spaß beim Weiterlesen und vor allem beim Weiterentwickeln!

Gewohnheiten

Was sind Gewohnheiten?

Wenn ich die Bedeutung des Wortes „Gewohnheit" im Duden nachschlage, finde ich folgenden Eintrag: „durch häufige und stete Wiederholung selbstverständlich gewordene Handlung, Haltung, Eigenheit; etwas oft nur noch mechanisch oder unbewusst Ausgeführtes". Gewohnheiten bestimmen unser Leben, ob wir wollen oder nicht. Wenn du jeden Tag auf dem Weg zur Arbeit ein Brötchen kaufst, wird dies nach einiger Zeit ein Automatismus, ohne dass du darüber nachdenken musst, und somit zu einer Gewohnheit. Laut Bas Verplanken, Professor an der University of Bath, werden zwischen 30 und 50 Prozent unseres täglichen Handelns durch unsere Gewohnheiten bestimmt. Grund genug, ein wenig über sie nachzudenken.

Welche Arten von Gewohnheiten gibt es?

Es gibt gute und schlechte Gewohnheiten. Das Kuriose ist, dass das Gehirn nicht zwischen diesen beiden unterscheidet. In diesem Buch geht es nicht darum, wie du mit schlechten Gewohnheiten brichst. Es geht darum, dass du dir fünf ganz bewusst ausgewählte Aktivitäten zu Gewohnheiten machst. Diese fünf fallen in den Bereich „gute Gewohnheiten". Sie haben die Fähigkeit, dein Leben auf sofortige Weise positiv zu beeinflussen. In kürzester Zeit geben sie dir ein Gefühl von Stabilität. Du wirst ein besseres Körpergefühl entwickeln. Einige Gewohnheiten werden sogar zu Gewichtsverlust führen. Die Liste der positiven Effekte ist nicht endlos, aber sehr lang.

Gute Gewohnheiten helfen dir, deinen Alltag besser zu bewältigen. Sie wirken sich positiv auf deine Gesundheit, die Dauer deines Lebens und deine Psyche aus. Schlechte Gewohnheiten haben langfristig einen negativen Einfluss auf dich und dein Leben. Wie bei allem kommt es auch hier auf die Häufigkeit an. Wenn du beispielsweise auf Feiern oder bei besonderen Gelegenheiten gerne eine Zigarette rauchst, wirst du wahrscheinlich nicht mit 50 Jahren Lungenkrebs bekommen. Grundsätzlich ist dies natürlich möglich, auch Menschen, die stets gute Gewohnheiten an den Tag gelegt haben, können krank werden. Aber die Wahrscheinlichkeit, dass du gewisse Krankheiten entwickelst, steigt immens, wenn du dauerhaft rauchst, wenig bis keine Bewegung in deinem Alltag hast und chronisch gestresst bist.

Wieso gibt es Gewohnheiten?

Alle Studien und psychologischen Untersuchungen sind sich einig darüber, dass es äußerst schwierig ist, Gewohnheiten abzulegen.

Gewohnheiten entwickeln sich, weil sie den Menschen energieeffizient arbeiten lassen. Ständig neue Dinge zu erlernen, wäre einfach zu anstrengend. Die Konfrontation mit neuen und komplizierten Aufgaben erfordert, laut Aussage des Hirnforschers Gerhard Roth, Bewusstsein, Aufmerksamkeit und Konzentration. Der Mensch strebt unbewusst nach Effizienz und versucht demnach, die meisten Prozesse und Handlungsweisen zu standardisieren. Sich diesen Vorgang bewusst zu machen, ist wichtig, um die Bedeutung von Gewohnheiten für unser eigenes Leben abzuleiten.

Wieso konzentriert sich dieses Buch auf fünf Gewohnheiten?

Dieser Tage erscheinen täglich neue Artikel, die sich mit Gewohnheiten beschäftigen. Es werden unzählige Studien über dieses Thema durchgeführt. Wie beeinflussen Gewohnheiten unser Leben? Warum sind einige Menschen erfolgreicher als andere? Welche Gewohnheiten haben die Superreichen? Jeder Wissenschaftler ist sich der Bedeutung von Gewohnheiten mittlerweile bewusst. Sucht man online nach dem Thema, bekommt man unzählige Vorschläge. Hier ein paar Beispiele:

„10 Daily Habits That Can Actually Change Your Life"
→ *www.forbes.com*
„10 tägliche Gewohnheiten, die wirklich dein Leben verändern können"
(sinngemäße Übersetzung)

„Top 20 Habits for Happiness, Health, Productivity and Success"
→ *www.huffingtonpost.com*
„Die besten 20 Gewohnheiten für Glück, Gesundheit, Produktivität und Erfolg" (sinngemäße Übersetzung)

Der Mainstream hat demnach die Wichtigkeit von Gewohnheiten für Glück, Wohlbefinden und Erfolg eines Menschen erkannt. Das Problem mit solchen Artikeln und vielen Büchern zu diesem Thema ist recht schnell zu erkennen. Den Menschen wird suggeriert, dass sie sich, mal eben, unzählige Verhaltensweisen aneignen müssen. Das erscheint mir jedoch unpraktikabel und wenig durchdacht. Diese Ratgeber bleiben oftmals sehr unkonkret und kratzen letztlich nur an der Oberfläche. Am Ende sind die meisten Menschen nach diesen Lektüren nur verwirrter und kommen keinen Deut weiter. Das Vorhaben muss praktikabel und umsetzbar sein, sonst endet es in einer großen Enttäuschung. Es sollte plausibel erklärt werden, wie man Verhaltensweisen erfolgreich in sein eigenes Leben integriert, um daraus Gewohnheiten werden zu lassen. Mir war von Anfang an wichtig, dass dieses Buch all diese Anforderungen erfüllt.

Es sind nicht 30, 20 oder 10 Gewohnheiten, die du für ein erfülltes und erfolgreiches Leben brauchst, sondern fünf – die SuperGewohnheiten. In den genannten Beispielartikeln werden viele Verhaltensweisen genannt, deren Vorteile unsere fünf SuperGewohnheiten mitabdecken. Daher sollten diese fünf möglichst zu deinen täglichen Gewohnheiten gehören.

So eignest du dir die fünf SuperGewohnheiten an!

Das Aneignen der fünf Verhaltensweisen erfolgt in zwei einfachen Steps:

UMWELTEBENE
Aktiv verändern

GEWOHNHEITSEBENE
Verhaltensweisen
erfolgreich integrieren

STEP 1 erläutere ich ausführlich im nächsten Kapitel „Gestalte deine Umwelt positiv!" und ist wirklich einfach umzusetzen. Aber lass dich bitte nicht täuschen: Nur, weil er einfach ist, ist er noch lange nicht unwichtig. STEP 1 bildet die Grundlage für deinen Erfolg. Setzt du diesen Schritt inkonsequent um, erschwerst du dir das Vorhaben, dein Leben auf Dauer zu verändern, ungemein. Befolge die Tipps im nächsten und den darauffolgenden Kapiteln bitte so gut es dir möglich ist, verändere deine Umwelt ein für alle Mal und baue dir somit ein solides Fundament, um das Vorhaben erfolgreich umzusetzen.

STEP 2 beschäftigt sich indessen mit den ausgewählten Verhaltensweisen, die in Zukunft zu deinen SuperGewohnheiten werden sollen. Dieser Schritt findet auf der Gewohnheitsebene statt. Der Prozess ist bei jeder der fünf Verhaltensweisen identisch und läuft nach demselben Prinzip ab. Du eignest dir die Gewohnheiten auf folgende Art an:

1. **Verhalten auslösen (triggern)**
2. **Verhalten / Aktivität ausführen**
3. **Sich selbst dafür belohnen**
→ Den sich daraus ergebenden Nutzen genießen.

Das Verhalten muss zunächst ausgelöst werden, und zwar durch einen Schlüsselreiz. Für diesen gibt es auch den englischen Begriff „Trigger". Du hast zwei Möglichkeiten, das gewünschte Verhalten auszulösen:

1. Du baust das Verhalten in eine **Morgen- bzw. Abendroutine** ein.

2. Du baust **aktiv effektive Auslöser** in dein Leben ein. Für jede Super-Gewohnheit werde ich dir hierzu in den entsprechenden Kapiteln Beispiele nennen.

Wie du diese Trigger in deinen Alltag einbauen kannst, zeige ich dir in den jeweiligen Kapiteln anhand konkreter Beispiele.

Den oben vorgestellten Kreislauf wirst du so lange wiederholen, bis aus einem einfachen Verhalten eine Gewohnheit geworden ist. Die Belohnung, die an dritter Stelle steht, ist am Anfang unheimlich wichtig und stellt einen Trick dar, um das Belohnungssystem deines Gehirns zu aktivieren.

Auch wenn es sich an dieser Stelle zunächst technisch und steif anhört, werde ich dir in den weiterführenden Kapiteln mit vielen Beispielen verbildlichen, wie eine erfolgreiche Umsetzung der SuperGewohnheiten aussehen kann.

Morgen- und Abendroutine

Wenn du Herr über deinen Tag werden willst, musst du zunächst einmal Herr über die erste und letzte Stunde deines Tages werden. Diese ersten und letzten Minuten entscheiden darüber, wie gut oder wie schlecht du in den Tag findest, auch wie gut oder wie schlecht du dich deinen täglichen Herausforderungen stellst. Tage vergehen in der Regel sehr schnell. Schlecht organisierte Tage vergehen in der Regel noch schneller. Multipliziert man das, werden aus Tagen auf einmal Jahre, dann Jahrzehnte und am Ende ein ganzes Leben.

Ich bin ganz ehrlich, ich war mir bis kurz vor Fertigstellung dieses Buches nicht sicher, ob ich dieses Kapitel an den Anfang oder das Ende des Buches setzen soll. Letztendlich habe ich mich für den Anfang entschieden, da ich im Verlauf des Buches so oft auf dieses Thema zurückgreife und weil ich von der Kraft, die diese beiden Routinen entwickeln können, überzeugt bin.

Ich höre seit einiger Zeit einen spannenden Podcast, die „Tim Ferris Show". Tim Ferris ist ein amerikanischer Bestseller-Autor und beschäftigt sich auf seinen verschiedenen Medien mit Selbstentwicklung, Zeitmanagement und Gesundheit. Er hat sehr unkonventionelle Ansichten. Ein großes Thema bei Tim sind die Geheimnisse der wirklich erfolgreichen Menschen. Diesen hat er sogar mehrere Bücher gewidmet wie „The Tools of Titans" oder „Tribe of Mentors". Billionäre, Entrepreneurs, Sportler und Stars verraten Tim ihre Erfolgsgeheimnisse oder versuchen zu erklären, was sie von der Masse unterscheidet. Alle sind auf ihrem Gebiet Hochleistungsträger. Was der Großteil dieser sehr unterschiedlichen Menschen gemeinsam hat, sind Routinen. Wiederkehrendes Verhalten. Jeder dieser Menschen, zu denen auch Barack Obama und Richard Branson gehören, hat eine Morgen- oder Abendroutine. Zum Teil auch beides. Der Ablauf ihrer Routinen variiert dabei von Mensch zu Mensch. Jedoch ist keiner der Abläufe willkürlich oder wahllos.

Eine wohldurchdachte Morgenroutine hilft dir, um während des Tages über dich hinauswachsen zu können. Zu einer guten Morgenroutine gehört aber auch eine ebenso gute Abendroutine. Diese beiden stehen in direkter Verbindung, denn wie viel Kraft du am Morgen hast, wird dadurch bestimmt, wie du schläfst, und das wiederum hängt davon ab, wie du die letzte Stunde deines Tages verbringst.

Den Effekt, den diese Routinen auf dein Leben haben werden, wirst du sofort spüren. Kurz nachdem ich regelmäßig meine Morgenroutine umgesetzt habe, fingen meine Arbeitskollegen an, zu fragen, was mit mir los sei. Auch wenn ich nie der typische Morgenmuffel war, habe ich nun schon um 8 Uhr vor Energie gestrotzt. Es war ein tolles Gefühl, bereits morgens vor der Arbeit, vieles geschafft zu haben, das ich sonst immer auf abends verschoben hatte. Diese positive und kraftvolle Energie haben auch meine Arbeitskollegen gespürt.

Möglicherweise wird sich der Anfang für dich wie eine Zusatzaufgabe anfühlen. Noch etwas, was es täglich zu erledigen gibt. Und sicherlich ist die Umsetzung der Abläufe dies auch zu Beginn. Doch nach kurzer Zeit wirst du feststellen, dass du nicht mehr über die Routine und was dazu gehört, nachdenkst. Du machst es einfach. Die Routinen schenken dir viel mehr Raum für andere Gedanken und letztlich auch Zeit. Du wirst mehr schaffen und vor allem auch mehr schaffen wollen. Außerdem kannst du deine neuen SuperGewohnheiten optimal in deine Morgen- und Abendroutine integrieren.

Und nun verrate ich dir, wie die erste und letzte Stunde meines Tages in der Regel aussieht:

MORGENROUTINE – Die ersten 60 Minuten meines Tages:

① Aufwachen und ca. 0,5 Liter stilles Wasser trinken (3 Minuten)
Wasser zu trinken, ist eine gute Art, seinen Stoffwechsel anzuregen. Von Kaffee oder Tee als Kickstarter für deinen Tag rate ich dir eher ab, da dein Körper zu dieser Zeit das Hormon Cortisol produziert, das dich auf ganz natürliche Weise wachmacht. Wenn man die Produktion dieses Hormons täglich sabotiert, weil man seinen Körper direkt morgens mit Koffein flutet, wird es irgendwann nicht mehr ausreichend produziert. Das bedeutet, du trainierst deinem Körper ab, auf natürliche Weise wach zu werden, und

konditionierst ihn darauf, immer mehr Koffein zu brauchen, um überhaupt morgens aus dem Schlaf zu kommen. Ich stehe eine Stunde, bevor ich los-muss, auf. Das Beste ist, immer zur gleichen Zeit aufzustehen, so entwi-ckelst du einen gesunden Schlafrhythmus. Am Wochenende stehe ich zur selben Zeit auf wie in der Woche. Das fällt mir nicht immer leicht, daher gilt hier: Ausnahmen bestätigen die Regel.

② Gesicht mit lauwarmem Wasser waschen (2 Minuten)

③ Meditation (25 Minuten – SuperGewohnheit)
Ich finde es schön, am Morgen zu meditieren, wenn die Welt noch ruhig ist. Ich habe außerdem das Gefühl, dass ich das Wichtigste bereits erledigt habe. Jetzt kann der Tag beginnen!

④ Sport (20 Minuten – SuperGewohnheit)
Nach der Meditation mache ich ein kurzes, aber effektives Workout. Es kommt jedoch auch vor, dass ich in der Zeit lese. Je nachdem, ob ich an diesem Tag noch eine andere Sporteinheit für den Abend eingeplant habe.

⑤ Kalte Dusche und Zähne putzen (mind. 5 Minuten)
Ich werde im Kapitel „Meditation" die Wim-Hof-Methode empfehlen. Die-se Methode besteht aus drei Pfeilern: Kältetherapie, Atemübungen und Mindset. Den Körper an Kälte zu gewöhnen, war definitiv eine der besten Entscheidungen in meinem Leben. Ich dusche meinen Körper hierfür für einige Minuten eiskalt ab. Diese Methode hat mein Immunsystem immens gestärkt.

⑥ Espresso und ein weiteres Glas Wasser genießen (5 Minuten)

ABENDROUTINE – Die letzten 60 Minuten meines Tages:

1 Licht dimmen und Handy ausschalten (2 Minuten)

Der Körper reagiert auf die schlechteren Lichtverhältnisse mit Müdigkeit. Grelles blaues Licht, wie vom Smartphone, versetzt den Organismus dagegen in Alarmbereitschaft und das will niemand um die Uhrzeit. Mein Handy benutze ich weder zur Abend- noch zur Morgenroutine. Diese Zeit gehört mir und niemandem sonst. Das solltest du unbedingt auch so handhaben. Dein Tag ist ohnehin stressig genug. Du wirst Leuten antworten müssen und lange auf dein Smartphone starren. Die erste und letzte Stunde des Tages sollte deine ganz persönliche Zeit sein, in der du Dinge tust, die dir guttun.

2 Tasse Tee zubereiten und Zähne putzen (8 Minuten)

3 SMARTe Ziele für die Woche (10 Minuten – SuperGewohnheit)

Ich ordne meine Aufgaben für die Woche oder den Monat, um wieder Platz in meinem Kopf zu schaffen. Dies geschieht liegend in meinem Bett. Wenn es jedoch nicht Sonntag oder Monatsende ist, schreibe ich gerne ein paar Punkte auf, an denen ich arbeiten will. Ich denke auch gerne einen Moment über den vergangenen Tag nach und versuche, dankbar zu sein für die Erlebnisse des Tages und die Möglichkeiten, die mir zuteilgeworden sind.

4 Lesen (40 Minuten – SuperGewohnheit)

Ich lese in den letzten Minuten meines Tages in einem Buch. Meistens keine schwere Kost.

Die Aneignung dieser beiden Routinen wird dir helfen, die 30-Tage-Challenge zu meistern – aber natürlich auch deinen Alltag danach. Du wirst sehr schnell merken, dass daraus der unterschiedlichste Nutzen entsteht. Du hast beispielsweise einfach mehr Zeit für dich. Du wirst am Morgen und am Abend weniger gestresst sein. Du wirst dadurch disziplinierter. Eigne dir diese Werkzeuge an und werde selbst zu einem Hochleistungsträger!

STEP 1

Gestalte deine
Umwelt positiv!

Mit 14 bin ich zum ersten Mal umgezogen. Durch den Ortswechsel ergab sich auch ein neuer Freundeskreis. Meine neuen Freunde rauchten, bis auf einen, allesamt. Was ist passiert? Ich habe natürlich auch angefangen zu rauchen. Es verhält sich nämlich so, dass neue Umwelteinflüsse die Wahrscheinlichkeit erhöhen, dass sich Menschen entsprechend ihrer Umgebung anpassen.

Was ist deine Umwelt?

Stell dir vor, du wirst zu einer Kur geschickt, wegen gesundheitlicher Beschwerden oder aber zur Vorbeugung. Du ernährst dich in dieser Zeit sehr gesund und treibst viel Sport an der frischen Luft. Du unternimmst diese Aktivitäten mit angenehmen Leuten. Ihr spornt euch gegenseitig an. Ihr habt sogar Spaß dabei. Drei Wochen später geht es zurück nach Hause und du fällst, obwohl du dir hoch und heilig vorgenommen hast, die neuen Verhaltensweisen beizubehalten, drei Tage nach deiner Ankunft in deine alten, ungesunden Verhaltensmuster zurück. Was ist passiert? Ganz einfach: Deine Umwelt und somit auch die Einflüsse, denen du während der Kur ausgesetzt warst, haben sich verändert. Durch das Verlassen dieses positiven Umfeldes in die alte Umgebung ist auch das alte Verhalten zurückgekehrt. Das muss natürlich nicht passieren. Wenn man das gewünschte Verhalten lang genug praktiziert und die benötigte Motivation von innen kommt, dann kann dies auch zuhause funktionieren. Leider ist das jedoch der seltenere Fall.

Deine Umwelt ist im Prinzip alles, was dich kurzfristig und für längere Zeit umgibt, wie der Ort, an dem du lebst – deine Wohnung, dein Haus oder dein Hausboot. Wie ordentlich sind diese Orte? Wie wohl fühlst du dich an ihnen? Weitere Umwelteinflüsse können beispielsweise von deinem Arbeitsplatz, deiner Partnerschaft oder deinem Freundeskreis ausgehen. Aber auch Umgebungen wie die Internetseiten, die du besuchst, können Umwelteinflüsse darstellen, die entweder einen positiven oder negativen Effekt auf dich haben können.

Diese Beispiele sollen zeigen, wie wichtig die Umwelt ist, in der wir uns tagtäglich bewegen. Das Schöne ist, dass wir die Macht haben, unsere Umwelt im gewissen Maß selbst zu wählen. Du kannst vielleicht nicht deinen Chef ändern, auch nicht deine Eltern, aber du hast die Chance, zu entscheiden, wie du mit diesen Menschen umgehst. Oder ob du vielleicht den Job wechselst. Deine Eltern zu wechseln, wird hingegen schwer, aber auch hier fallen dir vielleicht Schritte ein, wie du das Verhältnis verbessern kannst.

Deine Umwelt, dein Verhalten und Versuchungen

Warum können die meisten Menschen ihr Verhalten nicht dauerhaft verändern? Die Antwort ist: Sie fokussieren sich zu sehr auf die Zielsetzung und Motivation. Kommt die Motivation von innen oder ist es eher ein äußerlicher Druck? Die richtige Zielsetzung zu finden, ist gar nicht so leicht und es wird Zeiten geben, in denen deine Motivation einfach auf dem Nullpunkt ist. Genau in diesen Zeiten ist es wichtig, dass deine Umwelt einen positiven Effekt auf dich hat – mit Rückhalt und ohne Versuchungen. Versuchungen sind ebenfalls ein Faktor, den du unbedingt berücksichtigen musst! Du musst proaktiv handeln und Versuchungen möglichst aus dem Weg gehen.

In einer Untersuchung mit Studenten wurde gezeigt, dass die Probanden, die ihre Umwelt so verändert hatten, dass ihnen seltener Versuchungen oder Ablenkungen gegenüberstanden, eine größere Wahrscheinlichkeit aufwiesen, ihre Ziele zu erreichen, als die Studenten, die ständig Versuchungen ausgesetzt waren. Versuchungen proaktiv aus dem Weg zu gehen, ist ein Lebensstil, den ich dir wärmstens ans Herz lege. Es ist einer der Schlüssel für eine gesunde Selbstdisziplin. Und Selbstdisziplin ist Selbstliebe.

Deine Umwelt und das Projekt „SuperGewohnheiten"!

Dein Ziel muss es sein, deine Umwelt so zu gestalten, dass dir die Umsetzung der fünf SuperGewohnheiten als beständiger Teil deines Lebens am besten gelingt. Dieser Prozess ist unheimlich wichtig. Es ist auffällig, dass genau diese Umstellung der Knackpunkt ist, an dem die meisten Menschen scheitern, wenn sie etwas an ihrem Leben verändern wollen.

Mit diesem Konzept, welches sich in jahrelanger Auseinandersetzung mit mir selbst bestätigt hat, ist es ein Leichtes, eine bessere Version seiner selbst, durch neue positive Gewohnheiten, zu werden. Gute Absichten reichen einfach nicht, wir Menschen neigen zum Zweifeln. Wir müssen die richtigen Umstände schaffen, um Zweifeln keinen Raum zu geben. In unserem Privatleben, aber auch in unserem Berufsalltag. Einfach überall dort, wo unser Leben stattfindet.

Zu jeder der fünf SuperGewohnheiten wird dir in den Kapiteln gezeigt, was du auf der Umweltebene für dich persönlich verändern kannst.

WAS KANNST DU AUS DIESEM TEIL MITNEHMEN?

★ Eliminiere Versuchungen aus deiner direkten und indirekten Umgebung.

★ Versuchungen proaktiv zu meiden, ist ein Lebensstil.

★ Sorge für positive, anspornende Elemente wie beispielsweise einen oder mehrere Mitstreiter, so entsteht ein „Mitzieheffekt".

★ Menschen, die dich runterziehen, aus welchen Gründen auch immer, solltest du ignorieren.

★ Deine Umwelt stellt bereits den ersten Auslöser dar, der für die Implementierung einer Gewohnheit unerlässlich ist.

★ Negative Elemente erhöhen die Wahrscheinlichkeit, dass du dir genau diese Eigenarten aneignest.

★ Positive Elemente erhöhen die Wahrscheinlichkeit, dass du dir genau diese Eigenarten aneignest.

STEP 2

Verändere die Gewohnheitsebene!

Formuliere SMARTe Ziele!

Ein Traum ist nur ein Traum.
Ein Ziel ist ein Traum mit einem Plan
und einer Deadline.

Harvey Mackay

SUPERGEWOHNHEIT 1

Formuliere SMARTe Ziele!

Wieso brauchst du Ziele?

Ein Ziel ist ein Traum mit Termin. Es beschreibt einen Zustand in der Zukunft, den du erreichen kannst. Dieser Endzustand kann Teil eines jeden Aspekts deines Lebens sein. Er kann deine Karriere, deine Hobbys, deine Familie, deine Lebensumstände, im Prinzip alles betreffen.

Durch gut gewählte Ziele kannst du deinem Leben eine ganz neue Richtung geben. Oder besser gesagt, wo landest du ohne eine vorgegebene Richtung? Wahrscheinlich im Niemandsland. Du hast die realistische Chance, dich im Leben zu verirren. Du kannst nur das erreichen, das du auch vor Augen hast.

Neue Ziele treiben dich an, bis ins hohe Alter.

In ihrer Dissertation „Visionary Leadership" untersuchte Jesse Stoner, welchen Einfluss Führungskräfte mit klaren Visionen auf ihr Team haben:

- Gute Führungskräfte **mit klarem visionären Führungsstil** haben gute und leistungsfähige Teams.
- Gute Führungskräfte **ohne visionären Führungsstil** haben nur durchschnittliche Teams.

Ohne Visionen und Ziele fehlt dir die Richtung und selbst ein sehr begabter Mensch wird ohne Ziele nur ein durchschnittliches Dasein fristen.

Herausforderungen müssen nicht groß im eigentlichen Sinne sein! Sie müssen nur groß sein für dich persönlich. Aus deiner Sicht. Für den 23-fachen Olympia-Sieger Michael Phelps ist das Durchschwimmen eines kleinen Sees ein Leichtes. Für dich stellt es vielleicht eine Herausforderung dar. Aber auch ein Michael Phelps brauchte Ziele. Als Teenager hat sein Coach ihn dazu motiviert, jeden Morgen und jeden Abend den „Film" anzuschauen. Keinen echten Film, sondern den Film von seinem perfekten Sieg, in seinem Kopf. Also hat Michael jeden Morgen nach dem Aufstehen und jeden Abend vor dem Zubettgehen die Augen geschlossen und sich in jeder Einzelheit ausgemalt, wie sein perfekter Sieg aussieht. Genau genommen nicht nur aussieht, sondern auch wie es sich anfühlen wird, wie es riecht, nachgefühlt, wie sein Körper durch das Wasser gleitet. Jeden Tag, immer derselbe Film. Er hatte sein Ziel vor Augen, verinnerlicht, gefühlt. Und er hat es auch in der Realität erreicht, nicht nur einmal, 23 Mal hat er die Gold-Medaille erschwommen. Nicht jeder muss den Mount Everest besteigen, weil nicht jeder diesen Anspruch hat. Aber nimm dir etwas vor, wovon du vielleicht immer gedacht hast, dass du es nicht schaffst. Mit jeder erfolgreich bestandenen „Prüfung" wächst auch dein Selbstvertrauen. Die Grenzen deiner Möglichkeiten werden sich öffnen.

Leben ist Lernen. Wenn man aufhört zu lernen, dann stirbt man! Leben heißt, sich ständig herauszufordern. Versuche, immer neue Herausforderungen zu finden. Orientiere dich nicht an den Menschen auf Instagram oder Facebook. Sei nicht wie die Anderen. Sei du selbst. Finde deine eigenen Antreiber, deine eigenen Sehnsüchte und deine eigene Stimme. Brich aus deiner Komfortzone aus und vertraue dir selbst, dass du alles erreichen kannst. Echte Herausforderungen werden von den wenigstens Menschen wirklich gesucht. Sei einer dieser Wenigen!

Um nicht zu stagnieren, solltest du dir kontinuierlich neue Ziele setzen. Um die Wahrscheinlichkeit zu erhöhen, deine Ziele auch zu erreichen, musst du diese unbedingt SMART formulieren!

Was sind SMARTe Ziele?

Das englische Wort „smart" bedeutet übersetzt „schlau" oder auch „scharfsinnig". Die Schreibweise in Großbuchstaben – SMART – kommt aus dem Bereich Projektmanagement. Jeder Buchstabe des Wortes SMART hat eine bestimmte Bedeutung:

S » SPEZIFISCH
Deine Zielsetzung sollte so konkret wie möglich formuliert sein.

M » MESSBAR
Eine SMARTe Zielsetzung erfordert die Nennung einer messbaren Komponente. „Möglichst niedrig" oder „Erhöhung meiner Lebensqualität" sind Formulierungen, die nicht messbar sind.

A » AUSFÜHRBAR / ATTRAKTIV
Es muss erkennbar sein, wofür du es macht und dass die Zielerreichung durchführbar und lohnenswert ist.

R » REALISTISCH

Dies hängt unmittelbar mit dem vorherigen Punkt zusammen. Realistische Ziele erhöhen automatisch die Motivation desjenigen, der sich etwas vornimmt. Irgendwie logisch.

T » TERMINIERBAR

Setze dir einen Zeitrahmen für dein Ziel. Mit der Deadline im Hinterkopf bist du motivierter, in dieser Zeit tatsächlich Gas zu geben.

Natürlich wird nicht jedes deiner Ziele jedes dieser Kriterien erfüllen. Allerdings werden dir diese Anhaltspunkte helfen, deine Ziele genauer, zum Teil sogar sehr detailliert zu formulieren. Außerdem bist du so gezwungen, auch ganz genau über deine Zielsetzung, darüber, was sie bedeutet und welche Bedeutung sie für dich hat, nachzudenken. Du siehst, ein SMARTes Ziel ist eine ernsthafte Sache. An dieser Stelle möchte ich dir ein Praxisbeispiel für eine schlecht und eine SMART formulierte Zielsetzung geben:

Schlecht: Ich möchte aufhören zu rauchen.

SMART: Ich werde bis 30.09.20XX mit dem Rauchen aufhören. Ich werde dieses Ziel aus drei Richtungen angehen:

1. Hypnose-Sitzung für 25 € bei einem Arzt zur Unterstützung des Prozesses.
2. Das Buch „Endlich Nichtraucher" von Allen Carr lesen.
3. Bei Einhaltung des Nichtrauchens
    → Belohnung: Am 31.11.20XX Wellnesswochenende!

Der Unterschied zwischen diesen beiden Formulierungen sticht direkt ins Auge. Ein schlecht formuliertes Ziel ist eine vage Aussage. Ein Satz, den man wahrscheinlich schon oft gesagt hat. Geht dir das genauso? Jemand sagt etwas und im selben Moment denkst du dir: „Ja klar, das macht der nie!" Jeder kennt diese Aussagen von Leuten: „Das können wir mal machen." Und du weißt, dass man sich wahrscheinlich nicht wiedersieht. Wenn jemand etwas wirklich will, dann nennt er einen Zeitpunkt und wird konkret.

Für dich als Zielsetzenden hat diese Art der Vorgehensweise auch den Vorteil, dass du dir aktiv über Maßnahmen der Zielerreichung Gedanken machst. Es sind wieder die berühmten W-Fragen, die wir uns dazu zunutze machen:

Wie?
Wann?
Warum?

Wenn du alle Fragen sinnvoll mit deinem Ziel verknüpfen kannst, hast du mit deiner Zielsetzung einen guten Job gemacht.

Kurzfristige Ziele – SMART formuliert

Ich unterscheide in diesem Kapitel nicht zwischen To-Do's und Zielen. Am Anfang jeder Woche verschaffe ich mir einen Überblick, was die folgenden Tage ansteht. Welche Aufgaben kommen auf mich zu? Was muss erledigt werden? Was nehme ich mir vor?

Ich mache das, um in meinem Kopf etwas Platz zu schaffen und so meine Gedanken zu ordnen. Jeder, der mit einem hektischen Arbeitsalltag konfrontiert ist, weiß, wie oft Sachen vergessen werden und wie verwirrt man beizeiten sein kann. Manchmal sind es einfach zu viele Anforderungen, die an einen gestellt werden, und man geht in seinem Alltag unter.

Sagen wir, du nimmst dir von nun an jeden Sonntag 10 Minuten Zeit, um über die kommende Woche nachzudenken. Über die Anforderungen, die anstehen, Verabredungen, Termine und Erledigungen. Schreib sie auf, so detailliert du kannst. Es gibt online tolle Vordrucke, in die du deinen Tag stundenweise eintragen kannst. Oder nutze dein Smartphone. Vergiss bitte nicht, dir auch Phasen für dich selbst einzuplanen. Schaffe dir so direkt Zeiten, um deine neuen SuperGewohnheiten umzusetzen. Du kannst zusätzlich einen Essensplan für die Woche notieren. So nimmst du dir selbst während der stressigen Woche viel Arbeit ab, weil du alles bereits bedacht hast und nicht weiter darüber nachdenken musst. Es gibt doch nichts Schlimmeres, als nach einem langen Tag um 19:35 Uhr im Supermarkt zu stehen und sich zu fragen, was du dir jetzt noch zubereiten willst. Und vergiss nicht, dir jede Woche auch etwas für die Umsetzung deiner übergeordneten, langfristigen Ziele vorzunehmen. Manchmal ist das natürlich schwierig, doch oft sind es die kleinen Dinge, die wir aber wiederholt tun, die am Ende den Unterschied machen.

Ich persönlich notiere mir die Sachen einfach auf einem Zettel oder diktiere mir Notizen in mein Smartphone. Es muss praktikabel bleiben. Ich hänge meinen Zettel neben die Haustür, sodass ich meine Woche beim Gehen und Kommen vor Augen habe.

Die kurzfristigen Ziele sind meistens Anliegen des „Tagesgeschäfts". Trotzdem favorisiere ich auch bei den kurzfristigen Zielen eine SMARTe Formulierung. Gib dem Ganzen einfach eine Chance und verwandele deinen To-Do-Zettel in SMARTe Ziele. Du wirst überrascht sein.

Langfristige Ziele – SMART formuliert

Die Gewohnheit, mir SMARTe Ziele zu setzen, habe ich jetzt seit fast 10 Jahren. Ich kann das so genau benennen, weil ich meine langfristigen Zielsetzungen passenderweise immer mit dem Jahreswechsel verbinde. Davor habe ich, wie die meisten Leute, Vorsätze einfach laut ausgesprochen. Diese habe ich dann meist einen Monat super motiviert verfolgt und, was soll ich sagen, dann waren sie schnell vergessen. Anfänglich habe ich meine Ziele für das Jahr definiert. Mit der Zeit sind auch die kurzfristigeren Zeiträume und die immer detailliertere Beschreibung hinzugekommen.

Mir macht es mittlerweile irrsinnigen Spaß, mich kurz vor dem Jahreswechsel ganz bewusst an einen gemütlichen Ort wie in mein Lieblingscafé zu setzen und einen Nachmittag meinen Zielen zu widmen. Ich nehme mir die Liste aus dem letzten Jahr vor und schaue, wie viele dieser Ziele ich erreicht habe. Ich reflektiere das vergangene Jahr. Ich würde lügen, wenn ich sagen würde, dass ich stets alles auf meiner Liste abhaken kann. Meine Quote liegt eher bei 60 %. Aber das ist okay. 60 % erreichte Ziele, die mich auf meinem Weg weiterbringen, sind deutlich mehr als 0 % von nicht vorgenommenen Zielen. Besonders in den ersten Jahren habe ich mir wahnsinnig viele Herausforderungen gesucht und hohe Ansprüche an mich selbst gestellt. Aber auch sehr triviale Dinge standen auf meiner Liste. Mittlerweile habe ich viel dazugelernt, eben auch, weil ich am Ende des Jahres meine Liste wieder zur Hand nehme und das Ergebnis beurteile. Ich kontrolliere somit meinen eigenen Erfolg. Ich denke darüber nach, warum ich manche Punkte nicht umgesetzt habe oder umsetzen konnte. Schaffe ich es eventuell im nächsten Jahr? Habe ich dennoch Schritte in die richtige Richtung unternommen? Waren die Punkte gut formuliert? Ist mir der Punkt überhaupt noch wichtig? Selbstverständlich kannst du immer mal wieder während des Jahres deine Liste checken und eine Zwischenbilanz ziehen. Wenn du dann merkst, dass es nicht nach Plan läuft, kannst du eventuell noch gegenlenken. Heutzutage versuche ich lieber, wenige wichtige Sachen zu definieren statt viele lapidare. Ich feile ganz genau an der Formulierung meiner Ziele. Letztendlich mache ich damit schon den ersten Schritt für die erfolgreiche Umsetzung dieser Ziele. Es fängt an, in mir zu arbeiten, einfach, weil ich aktiv darüber nachdenke. Darum geht es doch in erster Linie.

Gleich zwei Studien (Harvard University und Dominican University) zeigten, dass Menschen, die ihre Ziele aufschrieben, deutlich erfolgreicher waren als Menschen, die dies nicht taten. Die Studie der Harvard University ergab, dass nur drei Prozent der Grundgesamtheit ihre Ziele schriftlich notierten. Diese drei Prozent hatten ein 10-mal höheres Einkommen als der Rest der Probanden. 13 Prozent der Grundgesamtheit wussten zwar, welches ihre Ziele waren, schrieben sie aber nicht auf. Dieser Teil der Grundgesamtheit verdiente trotzdem doppelt so viel wie die Probanden, die sich überhaupt keine Gedanken über ihre Ziele machten.

Du siehst an diesem Beispiel, dass selbst das Kennen seiner Ziele schon einen riesigen Unterschied macht. Das Aufschreiben dieser Ziele auf einem Blatt Papier, SMART formuliert, bringt dich auf ein ganz neues Level!

Ein kleiner Tipp von mir: Nimm dir etwas Zeit und geh z.B. in einen Schreibwarenladen. Dort suchst du dir für diesen Anlass ein besonderes Blatt Papier oder eine schöne Karte aus. Schreibe deine Ziele nicht einfach auf einen Schmierzettel oder ein schmutziges Blatt Papier. Nimm deine Ziele ernst. Gib ihnen von vornherein Wichtigkeit. Vielleicht wird dir die Ausformulierung deiner Ziele am Ende genau so viel Freude bereiten wie mir.

Fakten über die Formulierung von SMARTen Zielen:

+ Neue Ziele geben dir frischen Antrieb.
+ Falsch formulierte Ziele sind demotivierend.
+ Richtig formulierte Ziele sind bereits die halbe Miete zum Erreichen dieser Ziele.
+ Etwas zu schaffen, gibt dir neues Selbstvertrauen.
+ Ein richtig formuliertes Ziel sollte SMART sein:
  » SPEZIFISCH
  » MESSBAR
  » ATTRAKTIV
  » REALISTISCH
  » TERMINIERBAR

Rock dein Leben mit SuperGewohnheit 1!

 Umwelt verändern

Such dir einen entspannten Ort, um dir Gedanken über deine langfristigen Ziele zu machen. Schreibe diese auf ein Blatt Papier. Du kannst dir dieses Stück Papier an die Wand oder zum Beispiel in deinen Kleiderschrank hängen. So behältst du deine Ziele stets im Auge. Auch deine kurzfristigen Ziele verdienen einen Platz in Reichweite. Hänge beispielsweise deine Wochenziele ins Badezimmer. Jeden Tag beim Zähneputzen kannst du so deine erfolgreiche Woche visualisieren.

Ich würde dir empfehlen, deine Ziele, für dich zu behalten. Studien haben gezeigt, dass Menschen, die ihre Ziele zunächst für sich behalten, eine größere Wahrscheinlichkeit aufweisen, ihre Ziele erfolgreich umzusetzen.

 Mache dir die SMARTe Zielsetzung zur Gewohnheit

Das Verhalten auslösen / triggern

Baue das Ausformulieren deiner Ziele in eine Routine ein. Beispielsweise könntest du für die langfristigen Ziele den Jahreswechsel als Auslöser nutzen. Das bietet sich an dieser Stelle einfach an und hat gleichzeitig einen Ritual-Charakter.

Für die kurzfristigen Ziele kannst du dir einen Wochen- oder Monatsrhythmus angewöhnen. Du kannst beispielsweise jeden Montag deine Wochenziele aufschreiben, um so den Überblick zu behalten und Ziele zu priorisieren. So werden der Beginn der Woche oder des Monats mit der Handlung des Aufschreibens deiner Ziele verbunden und dein Unterbewusstsein wird irgendwann diese beiden Zeitpunkte und das Aufschreiben deiner Ziele intuitiv miteinander in Verbindung setzen.

Verhalten – Ziele SMART formulieren

Nimm dir Zeit! Besonders die langfristigen Ziele sollten wohl durchdacht sein. Nimm dir die Zeit, diese Ziele irgendwo in Ruhe auszuformulieren, denn sie bestimmen die Richtung, in die dein Leben steuert!

Belohne dich!

Es ist immer schön, wenn man am Anfang oder am Ende des Jahres feststellt, dass man etwas geschafft hat! Um das Hochgefühl zu diesem Anlass noch zu steigern, habe ich mich immer für sehr extravagante Belohnungen entschieden: Ein teurer Goldring, ein Urlaub oder aber ein neuer Laptop waren keine Seltenheit. Suche etwas, was dich wirklich motivieren könnte, dein Ziel auch zu erreichen. Wenn du schon immer in den Skiurlaub fahren wolltest, belohne dich damit, wenn du deine Ziele erreicht hast. Selbstverständlich muss es nicht so etwas Großes oder Teures sein. Wenn du dir schon lange einen bestimmten Bildband gewünscht hast, gönn ihn dir als Belohnung. Oder ein besonderes Paar Schuhe. Ein Yoga-Retreat. Es liegt auch hier in deinem Ermessen, zu entscheiden, welche Belohnung sich für dich lohnenswert anfühlt. Verdiene dir deine Belohnung und gestalte dein Jahr zielgerichtet.

Die Belohnung verliert mit der Zeit an Bedeutung, ist aber am Anfang für die Neuprogrammierung des Gehirns unheimlich wichtig. Mach bitte nicht den Fehler, dich mit etwas zu belohnen, was dir schadet. Gönn dir lieber etwas, was dir ein gutes Gefühl gibt und dich weiterbringt.

Der ganze Vorgang und der daraus resultierende Nutzen werden dir durch diese Übersicht noch anschaulicher und leichter verständlich gemacht:

Auslöser / Trigger

- Jahreswechsel
- Beginn eines neuen Monats
- Anfang der Woche
- Ende der Woche
- Zettel sichtbar in deiner Wohnung anbringen

Verhalten

- Formuliere SMARTe Ziele!

Belohnung

- Bei erfolgreicher Umsetzung aller Ziele vielleicht etwas Tolles wie eine Reise auf die Malediven
- oder ein neues Objektiv für deine Kamera
- oder Schmuck, der dich daran erinnert, etwas geschafft zu haben!
- Go CRAZY!

Wiederhole diesen Vorgang oft genug und er wird zu einer Gewohnheit.

WAS KANNST DU AUS DIESEM TEIL MITNEHMEN?

★ Schreibe deine SMARTen Ziele auf ein besonderes Stück Papier und bringe es an einem Ort an, an dem nur du es siehst!

★ Behalte Ziele, die dir wirklich wichtig sind, für dich!

★ Verbinde diese Tätigkeit mit Wochen-, Monats- und Jahreswechseln, um so einen Ritualcharakter zu kreieren!

★ Belohne dich mit etwas Großem!

Lesen

Von allen Welten,
die der Mensch erschaffen hat,
ist die der Bücher die gewaltigste.

Heinrich Heine

SuperGewohnheit 2
Lesen

Wenn du regelmäßig liest, ist es, als würdest du zwei Leben gleichzeitig leben. Das Kuriose ist, das beide, das reale und das gelesene Leben, die Macht haben, tiefe Spuren bei dir zu hinterlassen, die für immer Bestand haben. Der Unterschied ist allerdings, dass Bücher in der Regel positive Spuren hinterlassen.

Warum lesen?

Hast du schon mal den Spruch gehört „Leaders are Readers"? Nein? Es stimmt aber, Anführer sind Leseratten. Selfmade-Milliardär Mark Cuban liest drei Stunden täglich und Bill Gates, laut eigener Aussage, ein ganzes Buch die Woche. Das Lesen der entsprechenden Bücher ermöglicht es dir, in die Gedanken der erfolgreichsten Menschen des Planeten einzutauchen und direkt von ihnen zu lernen. Du kannst dir deinen Mentor quasi selber aussuchen. Aber warum scheinen so gut wie alle erfolgreichen Menschen zu lesen? Die Antwort ist sehr vielschichtig. Lesen regt deinen Geist an. Es erweitert deinen Horizont, motiviert dich und kann Hilfestellung bieten. So ergeht es auch den oben genannten Hochleistungsträgern. Auch für sie gilt: „Ohne Funke kein Feuer!" Und Lesen stellt diesen Funken dar, der das Feuer entfacht.

Du kannst Bücher zur spezifischen Wissensaneignung nutzen oder auch einfach zum Vergnügen. Du willst etwas über Bäume erfahren? Lies ein Buch über Baumkunde oder Forstwirtschaft. Du willst wissen, wie man vernünftig Muskeln aufbaut, um, wie in meinem Fall, seine Rückenschmerzen auf natürliche Weise zu kurieren? Lies ein Buch über Muskelaufbau oder Anatomie. Du möchtest in eine ferne Welt eintauchen? Es gibt wundervolle Reiseberichte oder auch Geschichten, die eine ganz neue Welt zeigen wie Harry Potter. In meinem Leben gab es Romane, die ich an einem Abend angefangen und bis drei Uhr morgens durchgelesen habe. Das nenne ich Unterhaltung vom Feinsten. Du fragst dich möglicherweise, warum du es dir nicht leichtmachen kannst. Den Fernseher anzuschalten oder kurz etwas online nachzuschlagen, nimmt deutlich weniger Zeit, Geld und Aufwand in Anspruch. Vielleicht sind dir die negativen Effekte von Smartphone, Apps und Internet nicht bewusst, aber sie sind gravierend. Angefangen mit dem bläulichen Licht, das uns durch die Bildschirme fast permanent anstrahlt und unseren natürlichen Schlaf-Wach-Rhythmus durcheinanderbringt. Die allgemeine Dauerbestrahlung von Fernsehen, Smartphone- oder Computer-Bildschirm hat wahnsinnige Ausmaße angenommen. Die süchtig machenden Strukturen von Social-Media-Seiten und Apps führen dazu, dass der Nutzer nur kurz etwas nachgucken wollte und sich plötzlich, drei Stunden später, noch immer auf der gleichen Seite befindet. Durch die eingespielten Werbeflächen verplant er seine nächsten beiden Monatsgehälter. Auch das Thema Privatsphäre darf wegen der transparenten persönlichen Daten und Fotos nicht außer Acht gelassen werden. Das Smartphone nimmt eine immer größere Rolle in unser aller Leben ein. Bitte versteh mich nicht falsch, ich verteufele auf keinen Fall komplett diese Medien. Aber jede Medaille hat zwei Seiten. Natürlich erlauben uns die heutigen Möglichkeiten, unseren Horizont zu erweitern, in Kontakt zu sein und zu bleiben. Wir können uns komplett unabhängig in jeder möglichen Weise Informationen beschaffen und dank YouTube kann jeder nun ein Handwerker oder Koch oder Künstler sein. Und wer verliert sich nicht gerne mal auf den Instagram-Seiten von interessanten Personen? Letztlich sollte jeder für sich versuchen, die Balance zu finden. Online zu sein, ist heutzutage sehr wichtig, auch jobbedingt. Aber offline zu sein eben auch, für dich persönlich.

Was genau passiert mit uns beim Lesen? Das Auge, genauer das Zentrum der Retina, beginnt mit der Verarbeitung der Schrift. Von dort werden die Informationen weitergeleitet ins Gehirn und aus den Schriftsegmenten werden uns bekannte Wörter. Die Wörter werden nun kognitiv verarbeitet und mit unseren Erlebnissen und Erinnerungen abgeglichen, so werden auch unsere Emotionen mit einbezogen. Eigene Emotionen wie Angst, Empathie oder Selbstbild spielen eine große Rolle bei der Auswahl unserer Bücher und wie wir sie bewerten. Durch das Lesen werden ganz unterschiedliche Hirnregionen angeregt und auch in unserem Geist arbeiten Bücher weiter. Nachdem ich begonnen habe, regelmäßig zu lesen, hat sich sehr schnell eine beachtliche Veränderung bei mir eingestellt. Nicht nur, dass ich mir plötzlich selbstständig Wissen aneignen konnte, es haben sich zudem meine Sprachfähigkeiten enorm verbessert. Ich konnte plötzlich flüssiger und besser kommunizieren. Das war besonders bei Vorstellungsgesprächen hilfreich. Auch mein allgemeiner Wortschatz hat sich vergrößert und verbessert.

Ein einzelnes Buch hat das Potenzial, deinem Leben eine völlig neue und unerwartete Richtung zu geben, so wie es hoffentlich auch mit diesem sein wird. In dem Artikel „Wozu lesen" von Ute Schneider, erschienen im DeGruyter-Verlag, wird Lesen als Kulturtechnik bezeichnet und darauf hingewiesen, das Lesen eine Grundvoraussetzung darstellt, um am gesellschaftlichen Leben teilzunehmen. Ich würde sogar so weit gehen, zu behaupten, dass die Welt ein friedlicherer Ort wäre, wenn jeder Mensch sich mehr Zeit nehmen würde, in Ruhe mal ein gutes Buch zu lesen.

Lesen hat folgende positive Effekte:

+ Dein Geist kann zur Ruhe kommen.
+ Du hast die Fähigkeit, dir selbstständig Spezialwissen anzueignen.
+ Du kannst den Erfahrungsschatz besonderer und erfolgreicher Menschen für dich nutzbar machen.
+ Du veränderst dein Mindset.
+ Du erweiterst deinen Horizont.
+ Lesen ist eine gesunde Variante von Entertainment.
+ Du verbesserst deine kommunikativen Fähigkeiten.
+ Lesen ist eine Möglichkeit für kostenfreies Mentorship.

Rock dein Leben mit SuperGewohnheit 2!

 Umwelt verändern

Besorg dir Bücher, die dich interessieren könnten. Ganz umsonst gibt es diese bei Familie und Freunden. Günstig bekommst du Bücher in Secondhand-Buchläden wie Fairkauf oder OXFAM. Zum Normalpreis gibt es das Buch deiner Wahl in einer Buchhandlung oder bei Amazon. Am Ende spielt es keine Rolle, woher die Bücher kommen. Stell deine neuen Schätze neben dein Bett oder irgendwo sichtbar in deiner Nähe auf. Du musst die Bücher jederzeit sehen können, so werden sie Teil deiner Umwelt. Wenn sie irgendwo in der hintersten Ecke verstauben, nützen sie dir nichts.

Eliminiere zu den Zeiten, zu denen du lesen möchtest, jedwede Ablenkung wie zum Beispiel das Smartphone. Mach dir einen schönen Tee und leg dich ins Bett oder auf die Couch. Vielleicht richtest du dir sogar eine kleine Leseecke ein mit einem Tischchen, gemütlichen Kissen und allem, was noch für dich zu einem Ruheort gehört. Forme dir dein eigenes, ganz persönliches Ritual.

Zu jedem deiner Vorhaben, egal welcher Art, wird dein Bekannten- oder Freundeskreis eine Meinung haben. Meist ist diese kritisch und wenig motivierend. Lass dich nicht beeinflussen von Leuten, die dir davon abraten oder sich lustig machen wollen. Für jedes Vorhaben wirst du Menschen finden, die sagen: „Ach hör mir bloß auf damit, was soll das denn bringen?" Lass dich nicht von deinem Vorhaben abbringen. Versuche, diese Dinge für dich zu tun. Versuche bloß nicht, diese Menschen zu überzeugen! Das geht, besonders wenn du gerade mit etwas Neuem angefangen hast, gründlich in die Hose und viel wichtiger: Es ist im ersten Moment egal, was andere davon halten! Freunde dich stattdessen mit Leuten an, die auch lesen. Oder trete einem Buchclub bei. Das gibt dir die nötige Umgebungsveränderung, um deine Motivation aufrechtzuerhalten. Möglicherweise kannst du dich auch aktiv auf der Arbeit mit Kollegen zusammentun, die gerne lesen. Schaffe dir ein unterstützendes Umfeld, mit dem du dich austauschen kannst. Gestalte deine Umwelt positiv!

STEP 2 Mache das Lesen zu einer Gewohnheit

Das Verhalten auslösen / triggern

Baue das Lesen in eine Routine ein, wie die Morgenroutine oder Abendroutine. Möglicherweise hast du auch eine andere Routine oder wiederkehrende Zeitfenster, die du nutzen kannst. Leg dir die Bücher zum Beispiel neben dein Bett und lies immer vor dem Schlafengehen, das bietet sich an. Auf diese Weise installierst du einen Auslöser.

Baue Auslöser in deinen Alltag ein, um aus einer gelegentlichen Handlung eine Gewohnheit werden zu lassen. Stell dir beispielsweise, mit Hilfe einer App, eine sich wiederholende Erinnerung in deinem Smartphone ein, die dich aktiv daran erinnert, dass du noch etwas schaffen willst.

Fährst du nach der Arbeit immer mit dem Zug oder Bus heim? Wunderbar. Nutze diese Zeit, um ein paar Seiten zu lesen und nach einem stressigen Arbeitstag deinem Geist etwas Ruhe zu gönnen. So installierst du ebenfalls erfolgreich einen Auslöser: An dieser Stelle wird der Feierabend mit dem Lesen verbunden und dein Unterbewusstsein wird irgendwann die beiden Handlungen – Feierabend und Lesen – intuitiv miteinander in Verbindung setzen.

Verhalten – Lesen

Jetzt musst du nur noch zu deinen neuen Errungenschaften greifen. Es spielt am Anfang keine Rolle, wie lange oder wie viele Seiten du liest. Zehn Minuten oder drei Seiten sind für ungeübte Leser ein durchaus realistisches Ziel. Diese Erfahrung speichert der Geist dann anschließend als Erfolgserlebnis ab. Es fühlt sich gut an und du kommst gerne zu dieser Gewohnheit zurück.

Belohne dich!

Gönn dir etwas, was dir ein gutes Gefühl gibt und dich weiterbringt. Ein Abend im Club mit viel Alkohol ist eben nicht so gut wie ein Wellnesstag mit viel Ruhe. Sei dir schon am Anfang deiner Challenge bewusst, dass du dich nach einer gewissen Zeit belohnen wirst. So entsteht automatisch Freude auf die Belohnung und die Motivation steigt.

Da es hier um das Lesen geht, ist vielleicht auch ein neues Buch als Belohnung interessant? Du könntest dich hierbei an den Bestsellerlisten orientieren oder deine Interessen durchforsten. Vielleicht hast du auch die Dokumentation über das Craft-Bier-Brauen gesehen und gönnst dir genau zu diesem Thema ein neues Buch? Anschließend kannst du versuchen, selbst Bier herzustellen. Genau das ist es, was das Lesen zu einer sehr besonderen Gewohnheit macht. Du entwickelst dich weiter! Eine weitere tolle Möglichkeit, sich in diesem Zusammenhang zu belohnen, besteht darin, die Schauplätze deiner Romane zu besuchen: New York, Ischia, Istanbul oder Reykjavik. Wie schön es ist, den Fußspuren deiner Romanhelden zu folgen, kannst du nur nachempfinden, wenn du es selbst ausprobiert hast. Die Belohnung verliert mit der Zeit an Bedeutung, ist aber am Anfang für die Neuprogrammierung des Gehirns unheimlich wichtig. Mach bitte nicht den Fehler, dich mit etwas zu belohnen, was dir letztendlich schadet.

Dieser Kreislauf und der daraus resultierende Nutzen werden dir durch die folgende Übersicht noch anschaulicher und leichter verständlich gemacht:

Auslöser / Trigger

- Freunde dich mit Menschen an, die lesen.
- Tritt einem Buchclub bei.
- Verbinde das Lesen mit dem Schlafengehen.
- Oder lies, nachdem du dein Kind schlafen gelegt hast.
- Oder verbinde diese Aktivitäten und lies deinem Kind vor.
- Setze eine Erinnerung in dein Smartphone (Uhrzeit)
  - → 21:00 Uhr: 3 Seiten lesen zum Beispiel.

Verhalten

- Lesen

Belohnung

- Belohne dich nach geschaffenen Meilensteinen:
  nach einer, nach zwei und nach vier Wochen!
- Kauf dir ein tolles Buch!
- Wenn du nicht auf Bücher stehst, gönn dir einen eReader.
- Bereise die Orte deiner Romane, folge deinen Romanhelden!

Wiederhole diesen Vorgang oft genug und er wird zu einer Gewohnheit.

Brauchst du noch Buchtipps?

Reisebegeistert? *„Deutschland umsonst"*
→ *Michael Holzbach*

Liebst du Abenteuer? *„Die Reise zum Mittelpunkt der Erde"*
→ *Jules Vernes*

Für den Wenigleser: *„Der Wellenreiter"*
→ *Sven von der Heide*

Für die Thriller-Fans: *„Der Schwarm"*
→ *Frank Schätzing*

Für Krimi-Freunde: *„Das zweite Leben des Herrn Roos"*
→ *Håkan Nesser*

Bist du im Einklang? *„Zur Harmonie in Dir"*
→ *Michael Ganesh Becker*

Für die Körperbewussten: *„Wie neugeboren durch Heilfasten"*
→ *Helmut Lützner*

Für den Hobby-Philosophen: *„Unterm Rad"*
→ *Hermann Hesse*

Lust auf Spannung? *„Der Fall Collini"*
→ *Ferdinand von Schirach*

Lass dich inspirieren: *„Surfing Buddha"*
→ *Jamal Jogi*

WAS KANNST DU AUS DIESEM TEIL MITNEHMEN?

★ Besorg dir Bücher und lass sie Teil deiner Umwelt werden!

★ Lass dich in diesem Zusammenhang nicht von anderen beirren, sondern schließe lieber Beziehungen mit Menschen, die das Lesen auch als sinnvolle Tätigkeit schätzen!

★ Nutze die richtigen Auslöser für dieses Verhalten:
  – Morgen- bzw. Abendroutine
  – Wiederkehrende Zeitfenster, wie die Zugfahrt
  – Zubettgehen

★ Belohne dich auf schlaue Weise mit Dingen, die dich weiterbringen oder entspannen!

Meditation

Du kannst die Wellen nicht stoppen,
aber du kannst lernen zu surfen.

Jon Kabat-Zinn

SuperGewohnheit 3
Meditation

Eine kleine Einleitung zur Meditation

Wie habe ich eigentlich zur Meditation gefunden? Ich schätze auf demselben Weg wie viele andere: im Zuge einer Krise. Ich hatte gerade die erste und bisher einzige Trennung hinter mir. Mir ging es nicht allzu gut und ich fragte daraufhin meinen Freund Anton, der bis zum heutigen Tag Buddhist ist, ob ich irgendetwas tun kann, um wieder in normalen Bahnen zu funktionieren. Vor allem aber wollte ich von ihm wissen, ob es möglich sei, irgendetwas zu tun, um nicht bei jeder Krise so völlig aus der Spur zu geraten. Meditation sei genau das Richtige, erfuhr ich von ihm. „Es wird dir auf lange Sicht helfen, ruhiger zu werden, und vor allem wirst du erkennen, dass alles vergänglich ist, besonders deine Gedanken. Du wirst irgendwann verstehen, dass Gedanken kommen, eine Weile bei uns verweilen und dann wieder verschwinden, wie alles andere auch. Wie mit deiner Krise, auch das wird alles wieder vergehen! In ein paar Jahren wirst du vielleicht schon drüber lachen und in 20 Jahren wirst du dich vielleicht nicht einmal mehr daran erinnern. Ich frage dich also: Wie viel Energie willst du einer Sache geben, über die du in 3 Jahren lachen wirst und an die du dich in 20 Jahren nicht einmal mehr erinnern wirst?" Das leuchtete mir ein und ich kaufte mir daraufhin das Buch „Harmonie in dir" von Michael

Ganesh Becker. Es ist ein recht kleines, dünnes Buch, aber es hat mich tief beeindruckt und in dem Entschluss bestärkt, mir das Meditieren zur Gewohnheit zu machen. Ein Beispiel aus dem Buch ist mir ganz besonders in Erinnerung geblieben. Becker spricht an dieser Stelle von dem „gesunden und natürlichen Spannungsbogen". Er berichtet von mentalen Verspannungszuständen, die natürlich vorkommen können in einem hektischen Menschenleben, sich allerdings auch wieder lösen müssen. Werden diese Verspannungszustände nicht gelöst, kommt es laut Aussage des Autors erst zu einer geistigen Verspannung und anschließend zu einer geistigen Überspannung, die auf Dauer Spuren hinterlässt. Er vergleicht dies mit einem Muskel. Werden Muskelverspannungen nicht auskuriert, kann es zu einer ernsthaften Verletzung kommen. Dieses Prinzip gilt auch bei mentalen Verspannungen. Werden mentale Verspannungen nicht gelöst, führen sie zu Depressionen oder Ähnlichem. Genau dieser Teil des Buches hat mich an meine Unterhaltung mit Anton erinnert, denn krampfhaftes Denken ist das Resultat einer geistigen Verspannung. Und gerade diese geistigen Verspannungen können durch Meditation präventiv verhindert werden. „Geistiges Greifen erzeugt Anspannung. Geistiges Festhalten ist Spannung. Geistiges Loslassen führt zu Entspannung."[*] Genau darum geht es bei der Meditation. Der Prozess des geistigen Loslassens soll zur intuitiven Gewohnheit werden, um dadurch einen frischen Geist zu entwickeln.

Viele Menschen fragen mich, meist mit spöttischem Unterton: „Du denkst also an nichts beim Meditieren!?" Doch! Denn darum geht es nicht, es ist auch nicht möglich, außer man heißt Buddha mit Nachnamen. Bei der

---

[*]Zitiert aus „Zur Harmonie in dir" von Michael Ganesh Becker, S. 71.

Meditation wird man immer wieder mit Erinnerungen konfrontiert, die Emotionen aller Art hervorrufen. Der Geist ist eigentlich immer ruhelos und springt von Ereignis zu Ereignis. Das Ziel sollte es sein, diesen Prozess zu beobachten. Zu akzeptieren, das eben noch ein Gedanke da war, und anschließend zu versuchen, diese Emotionen und Gedanken loszulassen. Dann meditierst du weiter. Versuche, wieder zu deinem Atem zurückzufinden. Hier ein Beispiel: Ich mache die Atemmeditation und beobachte, wie ich durch die Nase ein- und durch die Nase wieder ausatme. Plötzlich denke ich unerwartet an einen ehemaligen Schulfreund, mit dem ich seit Jahren keinen Kontakt habe und mit dem ich mich damals sogar im Streit getrennt habe. Ich merke, wie Ärger in mir aufsteigt. Ich lasse das Gefühl zu und kehre dann wieder zu meinem Atem zurück. Und der ganze Prozess beginnt von vorne.

Als die Meditationspraxis zu einer Gewohnheit für mich wurde, habe ich relativ schnell gemerkt, dass das Loslassen von Gedanken mir immer leichter fiel. Becker spricht in seinem Buch von dem Loslassen als eine unbewusste und dauerhafte gelebte innere Haltung geistiger Entspannung.

Als Einstieg empfahl Anton mir die Meditation auf ein Mantra: „Om mani padme hum." Es handelt sich hierbei um das älteste und beliebteste Mantra des tibetischen Buddhismus und wird folgendermaßen ausgesprochen: Om mani peme hung. Wichtig für die Meditation auf ein Mantra ist der Klang der einzelnen Silben und Wörter, sie lösen gewisse Schwingungen aus. Später folgte dann die Meditation auf den Atem.

In Absprache mit Anton habe ich mich dafür entschieden, vor dem Meditieren noch kurz aufzuzählen, was mir wichtig ist. Sozusagen als Ritual:

1. Ich bin dankbar für mein Leben und meine Möglichkeiten.

2. Ich bin mir bewusst, dass Geld, Autos, Freunde, Familie und vor allem ich selbst vergänglich sind.

3. Ich bin mir bewusst, dass eine Aktion immer eine Reaktion hervorruft. Ursache und Wirkung ergeben Karma.

Beide Meditationstechniken gefielen mir von Anfang an sehr gut. Es fühlte sich irgendwie logisch an. Ich weiß bis heute nicht, warum sich auf eine Decke mit Sitzkissen zu setzen und zu beobachten, wie der eigene Atem an der Nasenspitze in den Körper gesogen wird, wie nach Hause zu kommen anfühlte. Irgendwann habe ich gemerkt, dass ich immer öfter das Hier und Jetzt genieße, anstatt mich mit meinen Gedanken in der Zukunft oder Vergangenheit aufzuhalten.

Vorstellung der Meditation auf den Atem

Ich möchte mich in diesem Buch auf die Atemmeditation konzentrieren. Ich werde dir erklären, wie sie funktioniert und auf was du achten musst. Zunächst brauchst du folgende 3 Utensilien, um loslegen zu können:

1. Eine Mala zum „Mitzählen" der Atemzüge

www.pixabay.com

Die Mala wird im Buddhismus auch Gebetskette genannt, wobei sie dir als Zählwerkzeug dient. Eine Mala kann aus den verschiedensten Materialien bestehen, sogar aus Knochen. Je nach Material kosten die Ketten ab 2 € und sind beispielsweise in Fachbuchhandlungen oder im Internet erhältlich. Die traditionelle Zählung beginnt an der größten Perle, die auch „Guru"-Perle genannt wird. Nachdem man die 108 Perlen mit dem Daumen und Mittelfinger abgewandert ist und wieder an die Guru-Perle stößt, dreht man die Kette und beginnt von Neuem zu zählen. So behält man den Überblick. Du hast die Möglichkeit, dir so selbst einen Rahmen für die Meditationssitzungen zu schaffen: Heute entscheidest du dich, eine Mala abzuzählen, und morgen machst du dann drei Mal die Mala.

2. Das Meditationskissen und eine Decke deiner Wahl

Designed by katemangostar / Freepik   *www.pixabay.com*

Da es den meisten Menschen schwerfällt, im Lotussitz zu verharren, und sie auch im Schneidersitz nach einigen Minuten Schmerzen verspüren, ist ein Sitzkissen ungemein hilfreich bei der Meditation. Natürlich ist ein Meditationskissen und auch eine Decke nicht zwingend notwendig, kann jedoch Teil des Rituals werden. Ein Meditationskissen bekommst du neu ab ca. 15 €, gebrauchte Kissen sind noch preisgünstiger. Wenn du viel auf Reisen bist, kannst du dir möglicherweise einen Meditationssitz aus dortigen Kopfkissen „bauen". Letztendlich ist es egal, was du verwendest, Hauptsache du schaffst dir einen Platz, der sich während deiner Sitzung bequem anfühlt, damit du dich komplett auf dein Inneres konzentrieren kannst.

Viele meditierende Menschen, die mir im Laufe meines Lebens begegnet sind, machen aus ihrer ganzen Meditationspraxis eine Show. Meditieren am Strand, meditieren vor dem Kilimandscharo und so weiter. Das kannst du im Prinzip auch machen, solange du es für dich tust! Im besten Fall ist der Ort, an dem du meditierst, ruhig und sauber. Aber verstehe bitte, dass Meditation nicht im Außen stattfindet, sondern in deinem Geist, also in deinem Inneren. Deswegen reicht jeder Quadratmeter aus, um einen perfekten Ort für deine Meditation zu schaffen. An dieser Stelle fällt mir eine Dokumentation ein, die ich vor einiger Zeit gesehen habe. Es geht um einen Gefängnisinsassen, der durch einen Zufall ein Buch über Meditation in die Finger bekam. Er fing an zu meditieren und es wurde zu seiner Rettung. Heute bringt er anderen Insassen bei, wie man meditiert. Er ist ein neuer Mensch geworden. An Stelle von Unruhe und Aggressivität sind durch Meditation Zufriedenheit und Mitgefühl getreten. Dieses Beispiel sollte dir nochmals vor Augen führen, dass es egal ist, welche Mittel dir zur Verfügung stehen, die Hauptsache ist, du schaffst dir selbst den Raum, den du brauchst, um loszulegen.

Durchführung der Atemmeditation

VORBEREITUNG

Falte die Decke zu einem Rechteck und lege sie ordentlich auf den Boden. Platziere das Meditationskissen so, dass du mit deinem Podex angenehm auf dem Kissen sitzt und deine Knie bzw. Beine auf der Decke Platz finden. Kein Teil deines Körpers berührt den nackten Boden. So schaffst du einen Ort nur für dich, ausschließlich bestimmt für diese Aktivität. Die Mala legst du direkt neben dem Kissen bereit. Ich empfehle dir auch, diese ausgewählten Utensilien ausschließlich für die Meditation zu nutzen.

HALTUNG

Du sitzt mit geradem Rücken auf dem Sitzkissen. Die Schultern sind entspannt und ruhen mit den Handflächen nach unten auf deinen Knien. Deine Augen sind geschlossen. Dein Mund ist zu.

AUSFÜHRUNG

Nimm, wie oben beschrieben, auf deinem Sitzkissen und deiner Decke Platz. Die Mala hältst du nun in deiner rechten Hand, die erste Perle zwischen Daumen und Mittelfinger. Schließ deine Augen und versuche, in den ersten Sekunden einfach zur Ruhe zu kommen.

Du richtest deine Aufmerksamkeit nun langsam auf deinen Atem. Du spürst, wie der Atem nun an deiner Nasenspitze in deinen Körper gesogen wird. Du spürst, wie sich dein Bauch dabei hebt und senkt. Und wie der Atem anschließend wieder an der gleichen Stelle aus deiner Nase austritt. Diesen Vorgang beobachtest du lediglich. Du nimmst einfach wahr, wie du atmest. Versuch dabei nicht, deinen Atem zu manipulieren oder in einem gewissen Rhythmus zu atmen. Versuche einfach, loszulassen und zu akzeptieren. Ist deine Atmung heute hektisch, dann akzeptiere das und zähle die jeweiligen Atemzüge. Und wenn sie am nächsten Tag etwas regelmäßiger läuft, dann ist auch das in Ordnung. Betrachte deinen Atem einfach mit einer neugierigen Grundhaltung.

Du wirst feststellen, dass es gar nicht so einfach ist, mit seiner Aufmerksamkeit ständig bei seiner Atmung zu verweilen. Menschen, die schon länger meditieren als ich, geht das genauso. Deine Gedanken werden zu den unmöglichsten Dingen abschweifen. Manchmal wirst du auch nur die Erlebnisse des Tages rekapitulieren. Versuche dann, deine Aufmerksamkeit sanft auf deinen Atem zu richten, ohne dabei deine Atmung zu beeinflussen.

Das Zählen des Atems mit der Mala ist eine Technik aus dem Buddhismus. Zum einen wird der Prozess dadurch etwas leichter, da der Geist sich noch auf etwas Anderes konzentrieren muss als auf den Atem. Zum anderen wird so deutlicher, wann du mit deinen Gedanken abschweifst. Sobald dir das auffällt, kannst du zu deinem Atem zurückkehren. Nimm einfach zur Kenntnis, dass du gerade gedanklich woanders warst, und lass diese Gedanken ziehen. Das Stichwort heißt Loslassen!

Meditieren ist toll, weil:

+ Durch Meditation wird geistiges Loslassen zur intuitiven Gewohnheit.
+ Du wirst ruhiger und gelassener.
+ Du gewinnst mehr Stabilität in Krisenzeiten.
+ Du erlernst, das Hier und Jetzt zu genießen, anstatt mit deinen Gedanken in der Vergangenheit oder Zukunft zu sein.
+ Du verinnerlichst die Vergänglichkeit aller Dinge.
+ Du wirst zugänglicher für Glücksgefühle.
+ Du verbesserst deine Konzentrations- bzw. Aufmerksamkeitsfähigkeit.
+ Es kommt erwiesenermaßen zu Aktivitäten im Gehirn, die einen positiven Effekt auf den Menschen haben.

Rock dein Leben mit SuperGewohnheit 3!

 Umwelt verändern

Besorg dir die benötigten Utensilien wie Sitzkissen, Mala und Decke. Lege dir die Sachen so zurecht, dass alles an einem Platz und nicht überall verstreut liegt. Bei Bedarf sind die Sachen dann schnell verfügbar. Leg dir die Utensilien so bereit, dass du sie siehst, sie erinnern dich an dein Vorhaben, zu meditieren.

Umgebe dich mit Leuten, die dich unterstützen, und meide gleichzeitig Leute, die darüber spotten würden. Du willst ein selbstbestimmtes Leben führen. Du kannst dir beispielsweise eine Gruppe suchen, die gemeinsam Atemmeditationen absolviert. Bei manchen asiatischen Sportarten wie Kick- oder Thaiboxen wird im Anschluss gemeinsam meditiert. Mir sind auch Yogakurse bekannt, die nach getaner Arbeit noch gemeinsam meditieren. Wenn du, so wie ich, für dich sein willst, meditiere allein und ganz in Ruhe. Du kannst dich trotzdem verbal mit Leuten über deine Erfahrungen bei der Meditation austauschen. Deine Umwelt ist ein Auslöser für dein Verhalten!

 Mache das Meditieren zu einer Gewohnheit

Das Verhalten auslösen / triggern

Baue das Meditieren in eine Routine ein, wie die Morgen- oder Abendroutine. Du könntest dir mein Morgenritual zum Vorbild nehmen und folgendermaßen vorgehen: Aufstehen und Gesicht waschen. Ein Glas mit stillem Wasser trinken, um deinen Stoffwechsel anzukurbeln, und anschließend

10 Minuten meditieren. Um das Ganze noch besser umzusetzen, stell dir doch das Glas Wasser am vorherigen Abend schon auf deine Arbeitsplatte und kleb dir ein Post-it mit der Aufschrift „MEDITIERE!" auf das Glas. Genauso könntest du abends, bevor du dich zum Lesen hinlegst, 5 Minuten meditieren.

Möglicherweise hast du auch andere Routinen oder wiederkehrende Zeitfenster, die du nutzen kannst, wie deine Mittagspause. Such dir hierfür einen ruhigen Raum oder meditiere in deinem Bürostuhl. Du kannst hierfür einfach für fünf Minuten die Augen schließen und deinen Atem ganz in Ruhe betrachten. Bring deine Mala hierfür einfach mit zur Arbeit!

Baue Auslöser in deinen Alltag ein, um aus einer gelegentlichen Handlung eine Gewohnheit werden zu lassen. Du kannst beispielsweise sinnvolle Apps wie Headspace als Auslöser nutzen. Diese App bietet dir die Möglichkeit, eine tägliche Erinnerung zu installieren, die dich regelmäßig, zur gewünschten Zeit an dein Vorhaben erinnert.

Ein weiterer einfacher Trigger ist das Tragen der Mala um deinen Hals. Sie erinnert dich an dein Vorhaben, zu meditieren. Dadurch hast du auch überall die Möglichkeit, dein Vorhaben in die Tat umzusetzen!

Möglicherweise willst du immer nach dem Laufen meditieren? Wunderbar. So installierst du ebenfalls erfolgreich einen Auslöser: An dieser Stelle wird das Laufen mit dem Meditieren verbunden und dein Unterbewusstsein wird irgendwann diese beiden Handlungen, Laufen → Meditieren, intuitiv miteinander in Verbindung setzen.

Verhalten – Meditieren

Auch bei diesem Verhalten spielt es am Anfang keine Rolle, wie lange du meditierst. Fünf Minuten sind für ungeübte Menschen ein durchaus realistisches Ziel. Wenn du mehr machen möchtest, tu das natürlich gerne. Aber es gilt zunächst folgende Regel: Beständigkeit! Meditiere lieber jeden Tag fünf Minuten als einmal in der Woche eine halbe Stunde. Das Erlebnis des kontinuierlichen Meditierens speichert dein Geist als Erfolgserlebnis ab und du kommst gerne zu diesem Verhalten zurück.

Belohne dich!

Auch bei der Meditation gilt, sich eine erstrebenswerte Belohnung auszusuchen. Vielleicht beginnst du allein mit der Meditation und nach wenigen Wochen belohnst du dich mit einem Yogakurs und meditierst gemeinsam mit anderen. Oder du gönnst dir ein Jahres-Abo von Headspace. Damit schenkst du dir eine tolle App für viele geführte Meditationen zu unterschiedlichsten Themen und für unterschiedlichste Momente.

Die Belohnung verliert mit der Zeit an Bedeutung, ist aber am Anfang für die Neuprogrammierung des Gehirns unheimlich wichtig. Mach bitte nicht den Fehler, dich mit etwas zu belohnen, was dir schadet. Gönn dir lieber etwas, was dir ein gutes Gefühl gibt und dich weiterbringt. Gibt es eine größere und mächtigere Freude als die Vorfreude? Ich denke nicht. Die Aussicht auf eine tolle Belohnung nach einer Woche regelmäßigen Meditierens wird dich anspornen! Hinzu kommt, dass du dich toll fühlen wirst, weil du etwas geschafft hast.

Der ganze Vorgang und der daraus resultierende Nutzen werden dir durch diese Übersicht noch anschaulicher und leichter verständlich gemacht:

Auslöser / Trigger

- Gruppentreffen für Meditation
- Einbauen der Handlung in eine deiner Routinen
- Morgen- bzw. Abendroutine
- Erinnerung an diese Handlung im Smartphone (Uhrzeit)
- Wiederkehrende Handlungen als Auslöser nutzen: nach oder vor dem Laufen, Duschen oder Essen

Verhalten

- Meditieren

Wiederhole diesen Vorgang oft genug und er wird zu einer Gewohnheit.

Belohnung

Belohne dich nach geschaffenen Meilensteinen: nach einer, nach zwei und nach vier Wochen!

- Zum Beispiel mit der Teilnahme an einem Meditations Workshop
- Oder einem Fallschirmsprung! Das Gefühl ist unbeschreiblich.
- Teilnahme an einem Yogakurs
- Schaffe die Aussicht auf eine tolle Aktivität, das spornt dich an!

Es wird vielleicht den einen oder anderen geben, der sich einfach nicht mit Meditation anfreunden kann. Wenn du einer dieser Menschen bist, möchte ich dir an dieser Stelle die Wim-Hof-Methode ans Herz legen. Ich selbst praktiziere diese seit zwei Jahren und bin total begeistert. Die Wim-Hof-Methode besteht aus drei Komponenten:

1. Atemübung
2. Kälteübung
3. Mindset / Stretching-Übungen

Die Methode hat einen sofortigen Effekt und weist einen meditativen Charakter auf. Vor allem das kalte Duschen ist am Anfang unfassbar schwierig. Doch wenn du plötzlich mitten im Winter für 3 Minuten begeistert in einem Eisloch verschwindest, dann weißt du: Es hat sich etwas verändert! Auch dein Immunsystem wird sich bei dir bedanken.

. . . .

Wenn du Näheres erfahren möchtest, besuch folgende Website:

→ *www.wimhofmethod.com*

WAS KANNST DU AUS DIESEM TEIL MITNEHMEN?

★ Verändere deine Umwelt durch die Sichtbarkeit der Meditationsutensilien!

★ Benutze die Morgen- bzw. Abendroutine als Auslöser.

★ Meditiere in der Gruppe oder mach eine geführte Meditation via App!

★ Nutze „Reminder" wie die Headspace-App oder ein Post-it, um dich daran zu erinnern, dass du meditieren wolltest.

★ Nutze wiederkehrende Zeitfenster, um diese mit dem Meditieren zu verknüpfen!

★ Belohne dich mit schönen und sinnvollen Kleinigkeiten, um die Denkweise deines Gehirns neu zu programmieren und dich anzuspornen!

Sport – Bewegung

Wenn wir jedem Individuum das richtige Maß an Nahrung und Bewegung zukommen lassen könnten, hätten wir den sichersten Weg zur Gesundheit gefunden.

Hippokrates

SUPERGEWOHNHEIT 4

Sport – Bewegung

Die perfekte Basis

Bei einem gesunden Menschen sind Körper, Geist und Seele in Balance. Ein gesunder Mensch ist in diesem Zusammenhang nicht nur das Gegenteil eines kranken Menschen, sondern vielmehr eine Person voller Energie und Lebenskraft. Bereit, den Alltag zu meistern und physisch wie psychisch stabil in stressigen Situationen zu sein. Es ist sehr wichtig, ein Gleichgewicht der drei Aspekte zu finden, da sie nur im Zusammenspiel gut funktionieren. Sollte einer dieser Faktoren vernachlässigt werden, kannst du auch in den anderen beiden Bereichen kein Optimum erreichen. Balance ist im Grunde das Konzept von Nehmen und Geben mit sich selbst. Wie viel kann ich dem Körper, der Seele, dem Geist abverlangen und was muss ich wieder in mich selbst investieren, um zurück zu meiner Mitte zu finden? Bis hierher haben wir uns mit den Gewohnheiten Ziele, Lesen und Meditation eher auf den Geist und die Seele konzentriert. Für den Körper wenden wir uns nun der SuperGewohnheit Sport und Bewegung zu.

Der Mensch braucht Bewegung, und zwar jeden Tag. Ganz besonders die Menschen, die vor dem Computer arbeiten. Durch regelmäßige Arbeit im Büro ist man gezwungen, viel zu sitzen. Im normalen Arbeitsalltag bleibt Bewegung leider meist aus. Der Homo sapiens ist seit jeher Jäger und

Sammler, der Grundstein unseres Seins ist Bewegung. Vor Tausenden von Jahren war es normal, täglich viele Kilometer zu gehen, auf der Suche nach Nahrung und sicherer Unterkunft. Auch wenn wir heutzutage für beides nicht mehr diese Distanzen hinter uns lassen müssen, steckt dieses Bedürfnis dennoch in unserer DNA. Man stelle sich ein Fahrzeug vor, den Körper als Karosserie, sicherlich geht sie bei längerem Stillstand nicht kaputt, aber sie rostet. Zu wenig bis gar keine Bewegung macht uns steif, faul und auf Dauer krank. Durch heutige Annehmlichkeiten wie Auto, Bahn und Flugzeug muss man kaum Strecken durch eigenen Antrieb hinter sich bringen. Hinzu kommen Onlineshopping, digitale Assistenten und Supermarkt-Lieferanten. Der Mensch hat kaum noch Grund, sich vor die Tür zu bewegen bzw. überhaupt in Bewegung zu kommen. Dass Bewegung und Sport aber gut für unseren Körper sind, weiß nahezu jeder. So erschaffen wir, aus Mangel an Bewegung im Alltag, bewusst und meist mit viel Geldmitteln Räume, um uns in unserer Freizeit zu bewegen. Fitnessstudios, Sportvereine, Heimtrainer – alles tolle Ansätze, aber was ist mit der Praktikabilität? Hier sind wir wieder bei deiner Umwelt. Was nützt dir ein Fitnessstudio 30 Minuten entfernt von dir? Du wirst leider zu oft Ausreden finden, nicht hinzugehen.

Du brauchst Aktivitäten, die du überall, mit so wenig Aufwand wie möglich betreiben kannst. Deswegen sind Laufen und Fitness mit eigenem Körpergewicht die perfekte Basis. Das eine gibt dir Ausdauer und Spritzigkeit. Das andere verleiht dir die nötige Kraft. Diese beiden Aktivitäten sollten die Pfeiler für deine Vitalität sein. Solltest du schon etwas Anderes machen, das dir Kraft und Ausdauer verleiht, umso besser. Es geht um Kontinuität und Disziplin. Sport sollte Teil deines Alltags sein. Viele berühmte

Menschen, nicht nur Leistungssportler, integrieren sportliche Aktivitäten in ihren Tagesablauf. Barack Obama, der ehemalige Präsident der Vereinigten Staaten, sagte einmal, dass sein Erfolgsrezept das tägliche Workout ist. Dieses gibt ihm die Power, sein stressiges Berufsleben zu meistern. Auch der weltweit renommierte Orthopäde Dr. Müller-Wohlfahrt, der berühmte Leibarzt der FC-Bayern-München-Spieler, berichtet in seiner Biographie, wie er ausnahmslos jeden Tag Sport treibt und welchen positiven Einfluss dies auf sein Leben hat. Dr. Müller-Wohlfahrt betont in seinem Buch die Wichtigkeit der täglichen Bewegung und dass er diese zur eigenen Priorität macht, trotz Stress und Terminen.

Auch in meinem Leben war Sport seit Kindesbeinen ein großer Faktor. Mein Vater war schon immer ein begeisterter Hobbysportler und hat mich dahingehend geprägt. In jungen Jahren habe ich zu ihm aufgeblickt und gedacht, dass er aussieht wie Herkules. Das fand ich toll und es hat mich Stolz gemacht, so einen fitten Papa zu haben. Nachdem ich mich mit 14 Jahren gegen das Fußballspielen entschieden habe – den meisten mag bekannt sein, dass es sich in der Kreisliga wie im Krieg verhält –, hat mich mein Vater mit ins Fitnessstudio genommen. Das haben wir gemeinsam gemacht und er hat mir gezeigt, wie man an den Geräten trainiert. Bis mein Cousin einen Sommer zu Besuch kam und er uns motiviert hat, gegeneinander anzutreten – im Wettlaufen. Das hat mir so viel Spaß gemacht, dass ich gar nicht aufhören wollte. So habe ich das Laufen für mich entdeckt. Und über das Laufen bin ich zum Wandern gekommen. Sich in der freien Natur zu bewegen, ist etwas Herrliches. Eine meiner schönsten Erinnerung ist eine Wanderung durch Norddeutschland. Von meiner Haustür in Hannover nach Sylt, zu Fuß. 508 Kilometer, die ich nie vergessen werde. Dieser

Augenblick, am Strand auf Sylt anzukommen und die Schuhe auszuziehen, war einer der tollsten Momente meines Lebens. Eine andere Wanderung, die mich sehr geprägt hat, war der grüne Ring in Hannover. Der grüne Ring umfasst 86 Kilometer. 86 Kilometer in Adidas-Samba-Schuhen an einem Tag. Lass dir gesagt sein, dass mir alles wehtat, noch Tage danach. Aber ich habe es geschafft. Ich habe mir selbst bewiesen, dass ich körperlich und auch mental fähig bin, diesen Weg zu schaffen. Denn Bewegung oder Sport ist zwar in erster Linie körperlicher Natur, hat aber auch eine ungemein wichtige Wirkung auf Geist und Seele. Wie bereits erwähnt, steht alles in Wechselwirkung. Ganz zu schweigen von den Botenstoffen, die beim Sport ausgeschüttet werden und sich auf unser Inneres auswirken. Diese Erlebnisse haben mich unwiderruflich verändert, das heißt nicht, dass nun jeder seine Turnschuhe in die Hand nehmen sollte, um sich auf den Fußmarsch nach Sylt zu begeben, aber ich möchte dir verdeutlichen, wie wertvoll es ist, sich etwas vorzunehmen und dieses aus eigener Kraft zu schaffen. Nicht nur mental, sondern sich wirklich körperlich herauszufordern. Aber jeder Mensch ist anders und so hat auch jeder Mensch andere Interessen, für die er sich begeistern kann. Ich bin, zumindest was Bewegung angeht, sehr neugierig und begeisterungsfähig. Im Laufe der Jahre war ich beim Boxen, fahre gerne zum Windsurfen, gehe Wellenreiten und neuerdings habe ich den Bodenkampf für mich entdeckt. Die Welt des Kampfsports hat mir nochmals eine komplett neue Perspektive auf den Körper gezeigt. Auch auf die Welt der Bewegung im Allgemeinen. Beim Kampfsporttraining werden ganz andere Körperpartien gefordert als beim klassischen Gerätetraining oder beim Fußball. Du bist gezwungen, beweglich, schnell und intuitiv zu sein. Gerade das Thema der Beweglichkeit war mir neu.

Mobilität, was ist das eigentlich genau? Reicht es nicht, normal Sport zu treiben? Laut dem Bewegungstrainer Ido Portal ist Bewegung Leben. Ido Portal hat den Ansatz, dass wir Menschen in erster Linie „Mover", also Bewegende, sind, dann erst kommt die Eingrenzung, die Spezialfähigkeit wie Tennisspieler oder Surfer. Laut seiner Ansicht haben wir Menschen verlernt, uns intuitiv zu bewegen, und begrenzen auch unsere Kinder in ihrem natürlichen, intuitiven Bewegungsdrang. Er empfiehlt gerade Anfängern, zunächst jeden Tag über 30 Tage jeweils 30 Minuten in der Hocke zu verweilen. Das soll dich geschmeidiger machen und den Körper wieder an seinen natürlichen Bewegungsradius gewöhnen. Ich selbst habe die Challenge absolviert und bin erstaunt von den positiven Ergebnissen. Mein Körper hat definitiv einen Teil seiner verlorenen Geschmeidigkeit wiedererlangt! Eine Studie der Oxford University hat festgestellt, dass beim Erlernen neuer motorischer Fähigkeiten die weiße Substanz (Anteile des Zentralnervensystems) im Gehirn um 6 % zunehmen kann. Das heißt, Idos Ansatz, sich zu bewegen, verschiedene Bewegungen auszuführen und nicht nur Spezialist in seinem Bereich zu werden, fördert nicht nur die körperliche Flexibilität, sondern auch die Hirnaktivität. Sollte dich das Thema genauso begeistern wie mich, empfehle ich dir, die Website *www.idoportal.com* zu besuchen!

Jetzt weißt du, dass meine sportlichen Aktivitäten breit gefächert sind. Meine Grundfitness jedoch resultiert vor allem aus dem Laufen und Trainieren mit eigenem Körpergewicht. Dies ist das Fundament meines Workouts. Alles andere ist Bonus. Es gibt Tage, an denen ich nur Laufen gehe, und Tage, an denen ich nur Kraftübungen mache, aber eines von beidem mache ich jeden Tag. Immer, egal wo ich bin. Damit wären wir zurück bei der Praktikabilität – für Liegestütze oder Kniebeugen brauchst du weder Equipment noch viel Platz.

Solltest du jemand sein, der sich wenig bewegt oder gar keinen Sport in irgendeiner Form treibt, dann sage ich dir: Fang sofort damit an! Am Anfang solltest du es natürlich langsam angehen. Du willst dich und deinen Körper nicht überfordern. Aber behalte im Hinterkopf, dass dein Körper zu mehr fähig ist, als du vielleicht glaubst. Du musst nur deinen Kopf davon überzeugen, weiterzumachen. Selbstverständlich solltest du, sofern du gesundheitliche Probleme hast oder plötzlich Schmerzen aufkommen, deinen Arzt aufsuchen und dich abchecken lassen.

Um dir selbst eine Art Fitness-Fundament zu schaffen, empfehle ich dir ein Basistraining aus Laufen und Krafttraining mit eigenem Körpergewicht.

Laufen ist simpel. Du besorgst dir Laufschuhe und los geht's. Das Geheimnis beim Laufen ist, es langsam zu tun. Man sollte nie schnell laufen, wenn man vorhat, es regelmäßig zu machen und längere Strecken zu bewältigen. Backe am Anfang kleine Brötchen. Fang einfach mit 10 – 15 Minuten an und steigere dich jeden Tag um 2 Minuten bis auf eine Stunde. Ich laufe normalerweise eine ganze Stunde. Versuche, wenn möglich, auf weichem Waldboden zu laufen, das schont deine Gelenke. Ich persönlich bevorzuge tatsächlich den Asphalt, obwohl ich beide Möglichkeiten habe. Vor allem bei schlechtem Wetter zu laufen, gibt deinem Körper unheimlich viel. Die Leute schauen immer ganz verdutzt, wenn sie beobachten, wie ich in meinem ganz eigenen Tempo bei strömendem Regen laufe. Die „Schönwetter-Läufer" verstehen einfach nicht, dass unsere domestizierten menschlichen Körper sich danach sehnen, auch mal an der frischen Luft zu sein, auch mal gefordert zu werden, in Form von Kälte und ein wenig Unwohlsein. Nach so einem Lauf gönne ich mir meist eine heiße Dusche und fühle mich fantastisch! Das Geheimnis eines guten Lauftrainings ist nicht die Intensität, sondern viel mehr die Kontinuität. Bleib am Ball und versuche, bei jeder Wetterlage zu laufen!

Wenn du mit dem Fitnesstraining anfangen willst, gibt es verschiedene Möglichkeiten:

- Fitnessstudio in deiner Nähe (es gibt eigentlich in jedem Studio einen freien Trainingsbereich ohne Geräte)
- Personal Training
- Outdoor Training in der Gruppe (Bsp.: *www.OriginalBootcamp.de*)
- Fitnessbücher wie „Fit ohne Geräte" von Mark Lauren
- YouTube-Videos (z. B. The Bodycoach TV)
- Fitnessbewegungen inkl. App und Facebook-Gruppe wie Freeletics

Der neuste Schrei in Sachen Fitness heißt CrossFit. Ich glaube, für viele Menschen ist diese neue Art, mit Fitness umzugehen, die Lösung. CrossFit ist im Ursprung eine Trainingsmethode und ein Wettkampfsport zugleich. Es beinhaltet Gewichtheben, Sprinten, Eigengewichtsübungen sowie Turnen. Im Wettkampfmodus absolvierst du die Übungen unter Zeitdruck. Ich glaube, dass dieser Trend auch zukünftig viele Menschen begeistern wird, da er im Gegensatz zum normalen „Fitness" abwechslungsreicher und spaßiger ist. Es entsteht ein Sog. Dein Ehrgeiz wird ganz anders angesprochen und du hast die Möglichkeit, dich zu messen. Zusätzlich werden alle

Muskelgruppen deines Körpers aktiviert. Ich kann dir CrossFit also nur ans Herz legen.

Du kannst eigentlich nur eine Sache falsch machen: Du willst zu schnell zu viel! Lass dir und deinem Körper genug Zeit. Versuche, etwas zu finden, das dir Spaß macht. Ich kenne einige Mädels, die mit Begeisterung jeden Tag ihr 20-Minuten-YouTube-Workout mit auf Frauen spezialisierten Channels wie „Tone it Up" absolvieren. Dafür machen sie ein langes Gesicht, wenn es ums Fahrradfahren geht. Jedem sagt etwas Anderes zu. Versuche, eine Kontinuität in dein Sportprogramm zu bekommen und über die Dauer deine Übungen und Bewegungen etwas zu variieren. Versuche, in Bewegung zu kommen, mit einem Lächeln im Gesicht. Zusätzlich zu deinem nun regelmäßigen Workout wäre es toll, wenn du es schaffen würdest, generell mehr Bewegung in deinen Alltag zu integrieren. Angeblich sollte jeder gesunde Mensch täglich 10.000 Schritte hinter sich bringen. Bei normalem Gang sind dies knapp 8 Kilometer. Die meisten Menschen schaffen in ihrem Büroalltag vielleicht 4.000. Besorg dir einen Schrittzähler und nutze deine Mittagspause, nach deiner Meditation, und mache einen kleinen Spaziergang. Unternimm vielleicht mit Freunden an den Wochenenden eine Wanderung und entdecke neue Seiten deiner Heimat. Fang an, mit dem Fahrrad zur Arbeit zu fahren. Oder lass dich von der Movement-Bewegung eines Ido Portals überzeugen und nutze jede Gelegenheit, Geschmeidigkeit in deine Bewegung zu bekommen. Egal wie, tu dir etwas Gutes, fang an, dich zu bewegen!!!

Bewegung hat folgende positive Effekte:

+ Du stärkst dein Immunsystems.
+ Du baust Muskulatur auf.
+ Du verbesserst dein Hautbild.
+ Du stärkst deine Lungenfunktion.
+ Du wirst besser und vitaler aussehen.
+ Es kommt zur Ausschüttung von Glückshormonen.
+ Sport hilft erwiesenermaßen, Abhängigkeiten zu überwinden.
+ Du verbesserst deine kognitiven Fähigkeiten.

Welche Möglichkeiten hast du, um für ausreichend Bewegung in deinem Leben zu sorgen?

+ Laufen oder Fitness
+ Strecken ganz bewusst zu Fuß bewältigen
+ Komplett auf das Fahrrad umsteigen

Rock dein Leben mit SuperGewohnheit 4!

 STEP 1   **Umwelt verändern**

Besorg dir die benötigten Utensilien wie beispielsweise Laufschuhe, Kletterschuhe oder andere Sportsachen.

Umgebe dich mit Leuten, die dich unterstützen, und meide gleichzeitig Leute, die über deinen neuen Lebenswandel spotten würden. Such dir einen Trainingspartner. So hast du direkt einen Trigger eingebaut, der dich daran erinnert, dich zu bewegen. Wenn du ihn sitzen lässt, wird er sauer.

Ihr könnt auch ausmachen, dass derjenige, der nicht erscheint, 2 Euro in die Kasse zahlt. Oder melde dich in einer Sportcommunity an, um gemeinsam fit zu werden. Über Facebook wirst du Gruppen und Menschen in deiner Nähe finden. Besonders Outdoor Fitness wird dich bereichern. So tust du direkt etwas für dein Immunsystem. Mit Menschen zusammen zu trainieren, spornt dich zusätzlich an. Ich weiß aus eigener Erfahrung, dass es am Anfang immer schwierig ist, allein irgendwo hinzugehen, vor allem, wenn dort eine Gruppe ist, die schon ewig miteinander bekannt ist. Du bist dann halt der Neue und das kann Unbehagen bereiten. Das Geheimnis ist, diese Gelegenheiten willkommen zu heißen, sie als Möglichkeiten zu sehen, zu lernen. Versuche, sie als spannende Herausforderung anzunehmen, bei der du nie weißt, was passiert. Irgendwann werden dir diese Situationen so vertraut sein und dein Unbehagen wird sich legen. Vergiss nicht: Deine Umwelt ist ein Auslöser für dein Verhalten!

 ## STEP 2   Mache den Sport zu einer Gewohnheit

Das Verhalten auslösen / triggern

Pack deine Sportsachen einen Tag im Voraus und leg sie in dein Auto. Auf diesem Weg findest du wenig Ausreden, es nicht zu tun.

Baue das Sporttreiben in eine Routine ein, wie beispielsweise die Morgen- oder Abendroutine. Möglicherweise hast du auch andere Routinen oder wiederkehrende Zeitfenster, die du nutzen kannst.

Baue andere Auslöser ein, um aus einer gelegentlichen Handlung eine Gewohnheit werden zu lassen. Auch für dieses Vorhaben bietet sich die Erinnerungsfunktion der schon genannten App an. Möglicherweise willst du immer vor dem Abendessen laufen gehen? Wunderbar. So installierst du ebenfalls erfolgreich ein Auslösemomentum: An dieser Stelle wird das Laufen mit dem Abendessen in Verbindung gesetzt und dein Unterbewusstsein wird irgendwann diese beiden Handlungen, Abendessen → laufen gehen, intuitiv miteinander in Verbindung setzen.

Du könntest auch die Macht des „Habit Stacking" für dich nutzen und immer, wenn du Zähne putzt, Kniebeugen absolvieren! Bei 30 Kniebeugen pro Zähneputzen kommst du auf 60 Kniebeugen pro Tag. 420 Kniebeugen pro Woche und 153.300 Kniebeugen pro Jahr. Ist das nicht unvorstellbar? Und nebenbei ist das auch ein guter Weg, um sich an Bewegung und Sport langsam ranzutasten!

Verhalten – Sport

Wie bei den anderen SuperGewohnheiten ist es am Anfang egal, wie lange du laufen gehst oder wie intensiv du dein Fitnessprogramm absolvierst. Hauptsache du machst es. Kontinuität ist am Anfang wichtiger als Qualität. Wer beides hinkriegt, ist natürlich besonders gut. Das Erlebnis des kontinuierlichen Bewegens speichert dein Geist dann als Erfolgserlebnis ab und du kommst gerne zu dieser Gewohnheit zurück. Des Weiteren ist es eine Wohltat für deine Sehnen und Muskeln, wenn sie benutzt werden, statt zu verkümmern.

Belohne dich!

Auch bei dieser SuperGewohnheit gilt es, sich mit etwas Positivem zu belohnen. Vielleicht beginnst du allein mit dem Training und nach wenigen Wochen belohnst du dich mit einem Kurs in einem „Bootcamp". Du könntest beispielsweise an einem Lauf in Verona teilnehmen, so kombinierst du die Bewegung mit einer Reise. Du kannst dir nach einem erfolgreich absolvierten Zeitraum auch neue Sportkleidung gönnen, um noch mehr in den Aktivitäten aufzugehen. Jeder kennt dieses schöne Gefühl, wenn man sich die richtige „Ausrüstung" für eine neue Disziplin kaufen darf. Das Wichtige ist nur, diese dann anschließend auch richtig zu benutzen, bis Löcher in den Schuhen sind!

Der ganze Vorgang und der daraus resultierende Nutzen werden dir durch diese Übersicht noch anschaulicher und leichter verständlich gemacht:

Auslöser / Trigger

- Laufen mit einem Partner.
- Pack deine Sachen einen Abend zuvor.
- Einbauen der Handlung in eine deiner Routinen.
- Morgen- bzw. Abendroutine.
- Erinnerung an diese Handlung im Smartphone (Uhrzeit).
- Wiederkehrende Handlung als Auslöser nutzen:
  Laufe immer vor dem Essen oder vor dem Frühstück.

Verhalten

- Sport

Belohnung

- Belohne dich nach geschaffenen Meilensteinen:
  nach einer, nach zwei und nach vier Wochen.
- Gönn dir die Teilnahme an einem Bootcamp.
- Reise in ein warmes Land zu einem Sport-Event.

Wiederhole diesen Vorgang oft genug und er wird zu einer Gewohnheit.

WAS KANNST DU AUS DIESEM TEIL MITNEHMEN?

★ Forme deine Umwelt. Installiere einen Mitzieheffekt, durch Gemeinschaft!

★ Implementiere deinen Sport in deine Routinen!

★ Versuche das „Habit Stacking"!

★ Kontinuität geht vor allem anderen!

★ Gehe es unbedingt langsam an!

★ Belohne dich mit einer weiteren Möglichkeit, dich zu bewegen!

Intervallfasten

Wer den Brotkorb höher hängt,
streckt sein Leben.

Gerhard Uhlenbruck

SuperGewohnheit 5

Intervallfasten

Fasten

Verzicht ist gut. Er begleitet den Menschen seit vielen Jahrhunderten. Der menschliche Körper ist darauf ausgelegt, sogenannte „Futterphasen" zu haben, in denen er übermäßig isst, um dann, in Zeiten der Entbehrung, auf Nahrung verzichten zu können und von seinen Reserven zu leben. Dies war über Jahrhunderte hinweg der menschliche „Normalzustand". Die moderne Welt jedoch verführt die Menschen zu einem permanenten Fressen. Drei Mahlzeiten am Tag, kleine Snacks zwischendurch und dann noch Zuckerwasser, um das Ganze runterzuspülen. Der Magen und der Verdauungsapparat kommen auf diese Weise nie zur Ruhe. Zellregeneration kann so nicht stattfinden. Die Folgen sind die Zivilisationskrankheiten – Diabetes, Asthma und Allergien sind nur einige davon. Dabei liegt die Lösung auf der Hand. Es ist eigentlich einleuchtend und logisch: Der Körper braucht Pausen!

Ohne Wasser, das Lebenselixier, stirbt der Mensch nach wenigen Tagen. Einer der längsten dokumentierten Fälle ohne feste Nahrungsaufnahme dagegen betrug, sage und schreibe, 73 Tage. Das muss man sich mal vorstellen: 73 Tage. Übersetzt sind das 2 ½ Monate oder auch 1.752 Stunden.

Terence Joseph McSweeny starb nach seinem Hungerstreik in einem Londoner Gefängnis. Seine Mitstreiter, die zur gleichen Zeit den Hungerstreik antraten, hielten noch länger durch: 93 Tage. Eine unfassbar lange Zeit. Das sind 25 Prozent eines ganzen Jahres. Selbstverständlich ist diese Art von Verzicht destruktiv, allerdings zeigt dieses extreme Beispiel die Wertigkeit von Wasser und fester Nahrung für den menschlichen Körper. Für mich demonstriert es auf tragische Weise noch etwas Anderes. Und zwar, dass kontrollierter Verzicht sein muss, um den Körper an seine „geheime" Fähigkeit zu erinnern, ohne feste Nahrung auszukommen.

Eines Tages bin ich durch Zufall auf eine Dokumentation gestoßen. Sie hatte unter anderem die Sowjetunion des Kalten Krieges zum Thema. Die Sowjetunion und die Vereinigten Staaten von Amerika konkurrierten zu dieser Zeit auf allen erdenklichen Gebieten miteinander. Die abstrusesten Ideen wurden umgesetzt, um sich so, möglicherweise, einen entscheidenden Vorteil vor dem Erzfeind zu sichern. Der Zufall half, die Fastenkur in den Mittelpunkt diverser sowjetischer Forschungsprojekte zu stellen:

Wir schreiben das Jahr 1950. Der Schauplatz ist eine psychiatrische Klinik mit Namen Korsakov in Moskau. Der Protagonist dieser kurzen Geschichte ist Psychiater, Prof. Juri Nikolajew. Der Nebendarsteller ist sein depressiver Patient. Dieser verweigert die Nahrungsaufnahme. Normalerweise bedeutet das Zwangsernährung und Zwangsjacke. Prof. Nikolajew entscheidet sich jedoch dafür, dem Patienten zu vertrauen. Oder besser gesagt, er will den Zeichen vertrauen, die der Körper des Patienten ihm gibt. Nikolajew ordnet die Beobachtung des Patienten bei regelmäßiger und kontrollierter Aufnahme von ausreichend Wasser an. Nach und nach verändert sich der

Zustand des Patienten. Als Erstes fängt er wieder an, zu sprechen. Danach fängt er an, sich aus seinem Bett zu bewegen und wieder essen zu wollen. Schlussendlich kommt es zu der vollständigen Genesung des Patienten. Auch die Depressionen sind verschwunden. Nikolajew hat durch den Mut, auf seine Intuition zu hören, eine Lawine von sowjetischen Forschungsprojekten zum Thema Fasten losgetreten, deren erstaunliche Ergebnisse jahrzehntelang hinter dem Eisernen Vorhang verborgen bleiben sollten.

Zehntausende von Menschen wurden beim Fasten unter wissenschaftlichen Voraussetzungen untersucht. Kurzerhand wurde sogar das Militär beauftragt, dem Geheimnis des Fastens auf den Grund zu gehen. Es wurden alle erdenklichen messbaren medizinischen Indikatoren ausgewertet und die Resultate übertrafen alle Erwartungen:

• Es kam zu einer signifikanten Heilung von Patienten mit chronischen Krankheiten aller Art.

• Nach einer oder mehreren Fastenkuren waren bei 2/3 der Patienten sämtliche Symptome von Asthma, Bluthochdruck, Diabetes und Allergien verschwunden.

• Bei 70 % der Patienten wirkte Fasten antidepressiv.

Nur das Warum konnte nicht hinlänglich geklärt werden. Die Resultate jedenfalls beeindruckten mich so sehr, dass ich mir gleich am nächsten Tag das Buch „Wie neugeboren durch Fasten" von Dr. med. Hellmut Lützner zulegte und meinen Selbstversuch begann.

Es war ein Abenteuer mit Höhen und Tiefen. Aber, alles in allem, waren die insgesamt 10 Tage Heilfastenkur für mich äußerst lohnenswert. Ich habe insgesamt 9 Kilo abgenommen und sah hinterher wirklich frisch aus. Meine Haut glänzte gesund und es waren weniger Falten in meinem Gesicht zu sehen. An den letzten Fasttagen habe ich mir ständig Videos angeschaut, in denen Leute irgendwas Leckeres gekocht haben oder jemand einen köstlichen Espresso zubereitet hat. Ich muss zugeben, ich habe sehnsüchtig ans Essen gedacht. Trotzdem ging es mir gut. Ich ging in die Sauna und sogar regelmäßig joggen. Mein Arzt hat mir anschließend bestätigt, dass meine Werte nicht besser sein könnten. Sie waren vorher auch nicht schlecht, seien jetzt allerdings noch besser. Doch nach einem Monat registrierte ich, dass ich fast so viel wog wie davor. Auch wenn Gewichtsverlust – bei diesem Experiment – keine Priorität für mich hatte, hegte ich trotzdem insgeheim die Hoffnung, dass ich vielleicht dauerhaft auf ein anders Gewichtsniveau fallen könnte.

Ich war dennoch begeistert von der Idee des Fastens und von seinem Nutzen für den Menschen war ich überzeugt. Das Fasten erinnerte mich, wegen des Verzichts, ein wenig an die Minimalisten-Bewegung. In meiner Freizeit schaute ich mir weiterhin Dokumentationen zu diesem Thema an und stieß auf den Forscher Prof. Valter Longo aus Kalifornien. Seine und die Ergebnisse anderer anerkannter Forscher sind für mich noch spektakulärer als die der Sowjets:

• Fasten versetzt die Zellen in einen Schutzmodus.
• Fasten kann im Kampf gegen Krebs helfen.
• Fasten verlängert die Lebenserwartung.

- Durch das Fasten können sich Zellen regenerieren und sogar erneuern (auch Autophagie genannt).
- Fasten reguliert den Cholesterinspiegel.
- Fasten schützt vor Erkrankungen des Nervensystems.

Für das Entdecken der Autophagozytose erhielt der Japaner Yoshinori Ohsumi im Jahr 2016 den Nobelpreis und brachte das Fasten somit in den Mainstream.

Eine weitere Studie mit Makaken-Affen untermauert diese Ergebnisse mit eindrucksvollen Zahlen: Es wurden zwei Gruppen gebildet. Eine Gruppe, die über 25 Jahre schlemmen durfte, was sie wollte, und eine weitere Gruppe, die eine Diät einhalten musste. Die „Schlemmergruppe" wies eine Sterblichkeitsrate von 63 % auf. Die Diätgruppe hingegen erreichte, im gleichen Zeitraum, lediglich eine Sterblichkeitsrate von 26 %. Ein signifikanter und unglaublicher Unterschied.

Ganz offensichtlich geschieht bei kontrolliertem Verzicht auf Nahrung etwas mit dem Körper. Zum einen kommt es zu dem schon genannten Prozess der Zellerneuerung. Und zum anderen wird ein weiterer Prozess initiiert, den die sowjetischen Wissenschaftler „Sanogenese" nannten. Unter diesem Begriff werden sogenannte Selbstregulierungsmechanismen oder Selbstheilungskräfte des menschlichen Körpers zusammengefasst.

Aber zurück zu der SuperGewohnheit. Wie immer brauchte ich für mein Leben etwas, das funktionierte und praktikabel war. So stieß ich auf das intermittierende Fasten, auch Intervallfasten genannt.

16/8-Intervallfasten

Zunächst möchte ich dir ganz grundlegend und anschaulich zeigen, welche Formate des Intervallfastens es überhaupt gibt:

Jedes dieser Formate hat seine Vor- und Nachteile. Alle Wissenschaftler sind sich einig darüber, dass jeglicher Nutzen des normalen „Fastens" auch durch das Intervallfasten zu erzielen ist. Der große Unterschied ist die Kontinuität, die dieses System bietet. Ich selbst habe die Varianten 16/8, 5:2 und 10in2 ausprobiert. Für mich hat sich relativ schnell die 16/8-Methode als klarer Favorit herauskristallisiert und genau dieses Format möchte ich dir vorstellen. Ich möchte dir erklären, warum die 16/8-Methode für mich zu einer Gewohnheit geworden ist und warum du das Gleiche tun solltest.

Ich kann kein Talent mein Eigen nennen. Ich bin kein großartiger Fußballer und auch kein Genie, aber eine Gabe habe ich: Ich weiß intuitiv, was mir guttut und was nicht. So erging es mir auch mit dem Intervallfasten. Mir war sofort bewusst, dass mich das 16/8-Intervallfasten nun mein Leben lang begleiten wird. Aus der analytischen Sicht muss das Intervallfasten zwei grundlegende Aspekte für mich erfüllen:

1. Es muss **praktikabel** sein.
2. Es muss ein großer **Nutzen** für meine Gesundheit entstehen.

Beide Aspekte werden in einer Weise erfüllt, die mich bis heute erstaunt.

Ein 8-Stunden-Zeitfenster zum Aufnehmen von Nahrung und ein 16-Stunden-Zeitfenster zum Fasten klingt zunächst ziemlich simpel. Und weißt du was? Das ändert sich auch mit der Zeit nicht! Es ist praktisch. Es ist simpel. Es ist gut in jeden Tagesrhythmus und jede Lebenslage integrierbar. Ich esse meist zwei bis drei Mahlzeiten in den acht Stunden. Anschließend schalte ich in den Fasten-Modus, was bedeutet, dass ich nichts mehr essen darf und mich in diesen 16 Stunden ausschließlich von Wasser, Tee oder Espresso „ernähre". Natürlich ungesüßt!

Wie ich dir bereits an anderer Stelle erzählt habe, bin ich einer dieser Menschen, die mit einem Stoffwechsel gesegnet wurden, der wie ein Uhrwerk funktioniert. Als träge würde man vielleicht die Spiele der letzten Fußballweltmeisterschaft bezeichnen, aber sicherlich nicht meinen Stoffwechsel. Dieser Umstand führte dazu, dass ich bis Anfang meiner Zwanziger sehr schlank war. Gleichzeitig habe ich immer schon viel gegessen und bin ein absoluter Film-Junkie. Zu einem Film genehmige ich mir gerne Pizza, Burger oder Chips. Manchmal auch alles zusammen. Ich konnte immer essen, was ich wollte, dicker wurde ich einfach nicht. Das änderte sich schleichend und führte dazu, dass ich im Alter von 25 und einer Körpergröße von 1,81 cm fast 93 Kilo auf die Waage brachte. Richtig übergewichtig bin ich dank meiner vielen sportlichen Aktivitäten zwar nie geworden, aber ich habe in der Zeitspanne zwischen 25 und 30 Jahren ziemliche Gewichtsschwankungen hingelegt. Unter die 80-Kilo-Marke bin ich nur noch ein einziges Mal gelangt. Dieses Gewicht entspricht eigentlich meinem Normalgewicht. Damit fühle ich mich am besten. Es ist gut für meinen Körper und meine Gelenke.

Durch das Intervallfasten (16/8) gehören die Gewichtsschwankungen der Vergangenheit an. Ich kann essen, was ich will, und bleibe konstant bei circa 80 Kilo. Dieses Normalgewicht stellte sich bei mir nach ungefähr 2 Monaten Intervallfasten ein. Ich wog davor 87 Kilo. Was für eine Erlösung, wenn man bedenkt, welche Ernährungsformern ich schon ausprobiert hatte: die Keto-Diät, die Low-Carb-Diät, vegane, Paleo- und auch die „normale" Ernährungsweise haben für mich nicht mehr funktioniert. Vor allem muss ich mir heute eingestehen, dass ich, aufgrund dieser vielen Ernährungsexkurse, total durcheinander war, was ich überhaupt noch essen durfte. Ich hatte ständig das Gefühl, aufpassen zu müssen, was ich esse. Im Schnitzel sind zu viel Kohlenhydrate. Die Mayonnaise hat zu viel Fett und der Salat enthält aufgrund des Dressings zu viel Zucker. Aber ich will leben und gutes Essen gehört für mich zu einem guten Leben dazu. Meine Ernährungsweise muss mich ganz einfach davor schützen, fettleibig zu werden. Ganz besonders die Keto-Diät hat sich für mich als Genussmenschen als zu schwierig erwiesen. Sicherlich kann man auch die Keto-Diät attraktiv gestalten, aber ich möchte nicht auf Pasta und Pizza verzichten müssen. Am Ende des Tages hat sich das meiste als zu impraktikabel erwiesen und leider barg jede dieser Ernährungsformen zu viel Rückfallpotential für jemanden wie mich.

> ### Folgender Nutzen hat sich für mich aus dem 16/8-Intervallfasten ergeben:
>
> + konstantes Gewicht
> + bessere Performance bei sportlichen Aktivitäten
> + verbesserter und durchgehender Schlaf
> + größerer Genuss des Essens

Das Tolle an dieser Methode, so seine Essensgewohnheiten zu steuern, ist die Einfachheit.

. . . .

Für weitere Informationen zum Intervallfasten empfehle ich dir folgende zwei Internetseiten:

→ *https://www.wunderweib.de/intervallfasten-die-8-stunden-diaet-9352.html*

→ *https://www.youtube.com/watch?v=zOYt-ZGBRM*

Einige wenige Worte zum Thema Ernährung

Es gibt unzählige Theorien und Konzepte zum Thema Ernährung. In diesem Kapitel hast du erfahren, dass es nicht egal ist, wann und in welcher Zeitspanne du Nahrung zu dir nimmst. Natürlich spielt es auch eine Rolle, was du zu dir nimmst. Zu diesem Thema möchte ich dir ein paar grundlegende Tipps an die Hand geben:

1. Qualität statt Masse
2. So viel Gemüse wie möglich
3. Je unverarbeiteter deine Lebensmittel sind, desto besser
4. So wenig raffinierter Zucker wie möglich
5. Viel Wasser, Tee, vielleicht noch Espresso oder Kaffee

1. Qualität statt Masse

Ich bin immer wieder erschrocken, wie viele Menschen sich mit minderwertigen Lebensmitteln aus Discountern vollstopfen. Verpestetes Fleisch, Fertigpizzen oder Fertigsoßen, alles, Hauptsache billig. Wenn man dem Spruch „Du bist, was du isst" Glauben schenken will, ist es den meisten Menschen völlig egal, dass sie in diesem Fall Antibiotika, multiresistente Keime, künstliche Aromen und Geschmacksverstärker sind. Mich erstaunen der Geiz und die Dickhäutigkeit, die in Deutschland beim Thema Nahrungsmittel vorherrscht. Offenbar ist vielen nicht bewusst, dass die Bundesrepublik Deutschland eine der schlechtesten Lebensmittelqualitäten in der gesamten EU hat. Ganz besonders schlimm finde ich, wie die involvierten Tiere behandelt werden. Im Jahr 2017 wurden allein in Deutschland 745 Mio. Tiere geschlachtet. Das Leid dieser Tiere und die barbarischen Umstände nimmt der Konsument in sich auf, davon bin ich überzeugt. Qualität ist nicht billig. Das stimmt. Wenn man das Bio-Suppenhuhn für 12 € mit dem Discounter-Suppenhuhn für 2,79 € vergleicht, scheint es einem nur preisbewussten Konsumenten, dass er besser mit dem 2,79 € Huhn für die nächste Mahlzeit wegkommt. Denkt man jedoch langfristig, sollte man mit guten Produkten planen. Der Mensch wird krank durch minderwertige Produkte. Ursache und Wirkung. Sei nicht einer dieser Menschen, die für das Auto nur das beste Motoröl kaufen, für die bei Nahrungsmitteln aber plötzlich Rasierklingen im Geldbeutel sind.

2. Gemüse, Gemüse, Gemüse!

Iss so viel Gemüse wie möglich. Im besten Fall natürlich gutes Gemüse in Bio-Qualität. Die großen Mengen an Ballaststoffen, Pflanzenstoffen, Mineralstoffen und Vitaminen sind gut für dein Immunsystem. Außerdem nimmst du weniger Kalorien, Fett und Cholesterin zu dir, wenn du genug Gemüse isst!

3. Je unverarbeiteter deine Lebensmittel sind, desto besser

Unternehmen sind an Gewinnen interessiert, an nichts Anderem. Diese Gewinne kommen von dir und mir, von den Konsumenten. Um das Produkt so profitabel wie möglich zu machen, wird an allen Ecken gespart und es wird fast immer „gemogelt". Es werden Zutaten verwendet, die deinem Körper schaden. Verwende daher fast ausschließlich Grundprodukte und gönn dir die Tiefkühlpizza nur als Ausnahme. Vielleicht entdeckst du ja beim Selberherstellen von Nahrungsmitteln eine neue Leidenschaft fürs Kochen. Ich mache mir beispielsweise selbst Mandelmus in allen möglichen Variationen und es schmeckt nicht nur fantastisch, es macht auch viel Spaß.

4. So wenig raffinierten Zucker wie möglich

Leider haben nach wie vor viele Menschen nicht verstanden, wie schädlich Zucker sein kann. Sehr viele der Zivilisationskrankheiten wie Diabetes, Adipositas oder auch Krebs stehen in direktem Zusammenhang mit der übermäßigen Einnahme von raffiniertem Zucker. Er ist wirklich überall drin, selbst in Produkten, von denen man es überhaupt nicht erwarten würde. Man denke an Kartoffelchips oder Babynahrung. Das Allerschlimmste ist, dass Zucker von den Lebensmittelkonzernen mittlerweile durch diverse andere Bezeichnungen ersetzt wurde, so dass er nur schwer auf den Verpackungen der Lebensmittel identifiziert werden kann. Schau also genau hin beim Lebensmittelkauf und achte auf die Zutaten auf der Rückseite.

5. Viel Wasser, Tee, vielleicht noch Espresso oder Kaffee

Trink so viel Wasser wie möglich. Trink guten Bio-Tee. Zehn Stunden vor dem Schlafen würde ich komplett auf Schwarzen Tee und Kaffee verzichten, da das Koffein sich bis zu zehn Stunden auf deinen Körper auswirken kann. Das regelmäßige Trinken hilft, Fressattacken vorzubeugen, und ist einfach unerlässlich für einen gesunden Lebensstil. Außerdem besteht der Körper zum Großteil aus Wasser und es ist somit lebensnotwendig für unseren Organismus. Mit einer guten Flüssigkeitszufuhr stellst du sicher, dass die Organe vernünftig durchgespült und Giftstoffe aus dem Körper rausgeleitet werden. Der optimale Wasserbedarf unterscheidet sich bei jedem Menschen. Er ist persönlich ausrechenbar, online gibt es beispielsweise Anleitungen. Im Groben gilt die Faustregel 2–3 Liter Wasser oder ungesüßten Tee täglich.

Nutze die erstaunlichen Effekte des Intervallfastens:

+ Intervallfasten versetzt deine Zellen in einen Schutzmodus.
+ Intervallfasten verlängert deine Lebenserwartung.
+ Durch das Intervallfasten haben deine Zellen die Chance, sich zu regenerieren und sogar zu erneuern (auch Autophagie genannt).
+ Du erreichst dein optimales Gewicht.
+ Deine Performance bei sportlichen Aktivitäten steigt.
+ Du verbesserst die Qualität deines Schlafes.
+ Du wirst einen größeren Genuss beim Essen verspüren.
+ Intervallfasten ist aktive Vorbeugung von chronischen Erkrankungen und Krebserkrankungen.

Rock dein Leben mit SuperGewohnheit 5!

 STEP 1 **Umwelt verändern**

Mach dir erstmal Gedanken darüber, wie dein derzeitiger Alltag aussieht.

• Wo und wann arbeitest du?
• Welchen Verpflichtungen musst du während der Woche nachkommen?
• Zu welcher Uhrzeit machst du meistens Sport?

Nach diesen Kriterien wählst du dein Zeitfenster aus, in dem du deine Nahrung zu dir nimmst. Sollten sich deine Lebensumstände verändern, zögere bitte nicht, dein Intervallfasten dementsprechend anzupassen, auch wenn das heißt, mal einen Tag auszusetzen.

Wie bei den anderen SuperGewohnheiten beeinflusst deine Umwelt unmittelbar das Ergebnis deiner Anstrengungen. Wenn du also dein Zeitfenster von 08:00 bis 16:00 Uhr festgelegt hast, würde ich dir ganz besonders am Anfang von abendlichen Aktivitäten abraten, die dich zum Essen oder Snacken verführen könnten. Wähle lieber sportliche Aktivitäten, die deinen Körper fordern. Hast du ein Zeitfenster von 12:00 bis 20:00 Uhr gewählt, musst du morgens darauf achten, dass dich Verführungen nicht beeinflussen. Ein gutes Beispiel ist der Kaffee beim Bäcker, in dessen Theke dich Kuchenstücke und Brötchen anlachen werden. Meide zu Beginn solche Situationen. Abends kannst du dafür richtig zulangen! Du kannst auch deine Kollegen bitten, Rücksicht auf deine Umstellung zu nehmen.

Nach ca. drei Wochen wirst du dich an deine neue Art zu essen gewöhnt haben.

 ## STEP 2 | Mache dir das Intervallfasten 16/8 zur Gewohnheit

Das Verhalten auslösen / triggern

Der Auslöser ist an dieser Stelle sicherlich immer die Uhrzeit. Wähle den Beginn und somit das Ende deiner Essensphase mit Bedacht. Wenn du sagst, du fängst um 08:00 Uhr morgens mit dem Essen an, dann steht automatisch fest, dass du nach 16 Uhr nichts mehr zu dir nehmen darfst. Stell dir deinen Wecker also bewusst so, dass du morgens genug Zeit hast für eine ausreichende erste Nahrungsaufnahme. Iss immer so viel, dass du ausreichend satt bist. Sobald du dich in der Fastenphase befindest, benötigst du Auslöser, die dich daran erinnern, nicht zu essen. Um also den gesamten Prozess zu festigen, könntest du, zwei Stunden nachdem du aufgehört hast zu essen, symbolisch einen Kräutertee trinken und zusätzlich ein Glas stilles Wasser zu dir nehmen. Das gibt dir Kraft und sättigt dich zusätzlich, was besonders am Anfang wichtig ist. Kauf dir doch einen besonderen Tee zu diesem Zweck. Ein weiterer Auslöser könnte eine Karaffe darstellen. Befülle diese mit Wasser und stell sie dir an deinen Arbeitsplatz. So kannst du immer, wenn du Hunger hast, etwas trinken. Es verhält sich tatsächlich so, dass die meisten Menschen denken, sie hätten Hunger, wenn der Körper nach Flüssigkeit verlangt. All diese Kleinigkeiten sind Auslöser für dein Verhalten.

Verhalten – Intervallfasten

Das Ziel ist klar: 16 Stunden „Fasten" und 8 Stunden Nahrungsaufnahme. Ich würde dir trotzdem empfehlen, in der ersten Woche vielleicht mit 14/10 anzufangen. Die zweite Woche beginnst du mit 14 ½ / 9½, bis du dann in der vierten Woche bei 16/8 angelangt bist. Auf diese Weise gewöhnst du deinen Körper langsam an die verkürzte Nahrungsaufnahme und hast mehr Chancen auf Erfolg.

Belohne dich!

Wie schon zuvor rate ich dir auch an dieser Stelle dazu, dich mit einer konstruktiven Belohnung zu motivieren. Nach den ersten erreichten Meilensteinen und verlorenen Kilos solltest du deinen Körper in den Mittelpunkt deiner Belohnung stellen. Eine Massage, eine Gesichtsreinigung, ein Saunabesuch oder ein Tag im Wasserpark sind alles positive Motivatoren, die die Kraft haben, dich anzuspornen!

Nach einer längeren absolvierten Dauer, wie einem halben Jahr, könntest du dir beispielsweise eine geführte Fastenkur auf Sylt gönnen. Fasten ist vergleichbar mit dem Reset eines Computers. Danach läuft der Körper wieder schneller und geschmeidiger. Auch ein „gesunder" Kochkurs wäre eine tolle Belohnung!

Die Belohnung verliert mit der Zeit an Bedeutung, ist aber am Anfang für die Neuprogrammierung des Gehirns unheimlich wichtig.

Der ganze Vorgang und der daraus resultierende Nutzen werden dir durch diese Übersicht noch anschaulicher und leichter verständlich gemacht:

Auslöser / Trigger

- Dein Intervall bestimmt den Anfang und das Ende deiner Fastenzeit.
- Führe kleine Rituale ein, wie das Trinken eines Kräutertees, zu Beginn des Fastenintervalls.
- Erinner dich mithilfe von Gegenständen daran, in der Fastenphase genug zu trinken.

Verhalten

- Intervallfasten 16/8

Belohnung

- Stell deinen Körper in den Mittelpunkt dieser Belohnungen.
- Einen Wellnesstag in der Therme.
- „Gesunder" Kochkurs!
- Wer etwas schafft, der muss sich auch belohnen!

Wiederhole diesen Vorgang oft genug und er wird zu einer Gewohnheit.

WAS KANNST DU AUS DIESEM TEIL MITNEHMEN?

★ Die Wahl eines geeigneten Zeitfensters für die Nahrungsaufnahme ist der Schlüssel für die erfolgreiche Umsetzung dieser SuperGewohnheit!

★ Meide in der Fastenzeit Versuchungen!

★ Einen Tee zu trinken oder eine Karaffe mit Wasser sichtbar in deiner Nähe zu platzieren, erinnert dich daran, dass du dich in der Fastenphase befindest! Gleichzeitig macht die Flüssigkeit satt und tut dir gut!

★ Taste dich an das Intervall 16/8 in kleinen Schritten ran!

★ Stelle deinen Körper bei der Belohnung in den Mittelpunkt, denn er ist es, der so extrem von dieser Methode profitiert!

Wenn es mal nicht so läuft ...

06:00 Uhr, der Wecker klingelt, du stehst auf, bist ausgeschlafen. Du freust dich auf den bevorstehenden Tag und fühlst dich wahnsinnig lebendig. Als Nächstes trinkst du ein großes Glas Wasser und ziehst deine Sportklamotten an. 30 Minuten Power Workout. Danach kalt duschen und 20 Minuten meditieren. Kurz die Prioritäten des Tages überfliegen, ein weiteres Glas Wasser trinken und sich ganz motiviert und pünktlich auf den Weg zur Arbeit machen. Du kommst super durch den Verkehr. Bist sogar einige Minuten eher da und trinkst in Ruhe einen Kaffee. Heute stehen zwar einige Termine an, aber alles läuft reibungslos. Deine Ideen kommen gut an, deine Kollegen sind interessiert und die Meetings produktiv. In der Mittagspause gibt es dein Lieblingsessen, heute gönnst du dir auch mal den Nachtisch. Nach der Arbeit triffst du dich mit Freunden und ihr verbringt einen tollen Abend bei anregenden Gesprächen, beim Bouldern oder im Kino. Danach fährst du nach Hause. Das Smartphone schaltest du direkt hinter der Haustür auf Flugmodus, jetzt ist deine Zeit. Du lässt dir ein Bad ein, kochst dir Tee, schaltest ruhige Musik an. Nach dem Baden fühlst du dich sehr entspannt und legst dich müde ins Bett. Nach einer halben Stunde lesen in deinem neuen Buch schläfst du selig ein und tauchst in einen erholsamen Schlaf ab.

Hört sich nach dem perfekten Tag an, oder? Solche romantischen Vorstellungen hatte auch ich lange von meinem Alltag. Aber es gibt nun mal keinen perfekten Tag oder Alltag oder ein perfektes Leben oder den perfekten Menschen. Das Leben ist chaotisch und unvorhersehbar. Manchmal leicht, manchmal schwer. Das Leben ist nie immer gleich und, naja, vor allem nicht unfehlbar. Auch wenn wir die besten Vorsätze haben, wird es Tage geben, an denen es uns schwerfällt, sie umzusetzen. Meist hat man am Anfang sehr viel Motivation, aber nach einigen Wochen flacht sie leider ab. Genau dieser Zeitpunkt ist es, über den man hinwegkommen muss, in dem Bemühen, sich eine neue Gewohnheit anzueignen. Es bedarf der kontinuierlichen und wiederkehrenden Aktion über mindestens drei Wochen, um der neuen Handlung einen Automatismus zu geben. Stell dir die Gehirnstränge ähnlich wie einen Feldweg vor. Anfangs sind nur Sand und Erde da. Du gehst den Weg ein erstes Mal, hinterlässt natürlich keine Spur. Am kommenden Tag musst du den Weg wieder suchen, dies erfordert Anstrengung, aber nach einigen Tagen fällt es dir leichter, ihn zu finden, und es erfordert immer weniger Anstrengung. Nach einigen Wochen findest und läufst du den Weg ganz automatisch, du hast einen Trampelweg hinterlassen, der jedes Mal etwas deutlicher wurde. Je öfter du ein Verhalten wiederholst, desto sichtbarer wird dieser Trampelweg, bis es so oft wiederholt wurde, dass das Verhalten zu einem Automatismus, einer Gewohnheit, geworden ist.

Nichtsdestotrotz wird es Tage geben, an denen du keine Lust hast, zu lesen oder Sport zu machen. Es wird Tage geben, die so stressig sind, dass du froh bist, wenn der Tag vorbei ist. Oder du so müde bist, dass du einfach noch eine halbe Stunde länger liegen bleiben musst. Aber nicht nur solche Gründe können dich von deinem perfekten Alltag abhalten, denk an Umzüge, Urlaube oder Kinder. An dieser Stelle werden wir wieder konfrontiert mit unserer Umwelt. Manchmal ist es einfach schwierig, sich abzugrenzen und sein Ding durchzuziehen. Aber ich möchte dir mitgeben, dass du nicht aufgeben darfst. Versuche es wieder, immer wieder.

Denk einmal an Babys. Wenn sie zur Welt kommen, können sie nur liegen und sind komplett hilflos auf ihre Umwelt angewiesen. Erst nach und nach entdecken sie die Welt eigenständig. Es fängt in der Bauchlage an, dann beginnen sie sich zu drehen, schaffen es eigenständig vom Rücken auf den Bauch und andersherum. Irgendwann sind sie so stabil, dass sie sich voran robben. Durch das Robben kommen sie ins Krabbeln, dafür brauchen sie sehr viel Kraft und Koordination. Eines Tages fangen sie an, ihren Po nach hinten zu schieben, kurze Zeit danach werden sie aufrecht sitzen. Je stabiler und kräftiger sie werden, desto mehr Herausforderungen suchen sie sich. Sie testen sich und ihre Fähigkeiten aus. Das nächste Hindernis ist das Laufen lernen. Erst fangen sie an, sich hochzuziehen, dann folgen irgendwann die Beine und sie stehen das erste Mal. Wenn das gut klappt, dann hangeln sie sich an Möbeln, der Couch oder den Beinen der Erwachsenen entlang. Und dann, endlich, schaffen sie es von allein, einen Fuß vor den anderen zu setzen. Wackelig, aber sie kommen voran. Sie üben so lange, bis es klappt. Sie stürzen ständig, stoßen sich die Knie und den Kopf, fallen vielleicht aufs Gesicht und müssen sehr oft getröstet werden und dennoch, sie versuchen es immer wieder, egal was passiert. Wir alle waren einst diese Babys. Sind aufgestanden und haben es so lange weiter versucht, bis es geklappt hat. Diese Fähigkeit und die Intuition, dass du es schaffen kannst, stecken bereits in dir. Glaube daran.

Wenn du nun zum Beispiel im Urlaub bist und die Buffetzeiten nicht mit deinem Intervallfasten zusammenpassen, genieß das Essen ohne schlechtes Gewissen. Nutze deinen Urlaub, um deine Reservetanks aufzufüllen. Leb in den Tag hinein und tue, wozu du Lust hast, und nicht, zu was du dich verpflichtet fühlst. Aber wenn du wieder zuhause bist, versuche, wieder in deine Routine zu finden. Wenn es nicht sofort klappt, vergib dir! Geh nicht zu hart mit dir ins Gericht und orientiere dich immer wieder an der 30-Tage-Challenge. 30 Tage sind machbar und viel realistischer, als zu sagen „von jetzt an für immer". Nach den 30 Tagen nimmst du dir einfach noch mal 30 Tage vor und danach wieder. Dieses Prinzip wird dir helfen, „wenn es mal nicht so läuft".

DU SCHAFFST DAS.
ICH GLAUBE AN DICH.
ATME TIEF EIN UND AUS UND MACH WEITER.

Das Wort zum Schluss

Stell dir vor, du wärst ein Auto. Vielleicht bist du ein schwarzer VW-Beatle-Oldtimer. Als Auto müsstest du dich jedenfalls bewegen, wenn du nicht rosten willst. Du bist ja genau dafür konzipiert worden. Somit brauchst du auch ein Ziel, denn ansonsten würdest du ständig nur planlos in der Gegend herumfahren. An diesem Punkt wärst du also schon mit zwei unserer SuperGewohnheiten konfrontiert: Du müsstest dich ausreichend bewegen und du müsstest dir Ziele setzen, und das als Auto. Als eine Maschine aus Stahl und Kunststoff.

Und genau so sehe ich auch die meisten Menschen um mich herum. Ja, sie machen ab und zu Sport und bewegen sich. Die richtig ambitionierten haben vielleicht auch noch Ziele, die sie verfolgen. Aber selbst so ein Auto braucht doch noch viel mehr! Was ist mit der Wartung? Teile müssen hin und wieder auch komplett ersetzt werden. An dieser Stelle kommt das Intervallfasten ins Spiel. Diese SuperGewohnheit stellt, durch Zellerneuerung und ihre unvergleichlichen regenerativen Fähigkeiten, die Wartung des Autos dar. Du siehst, selbst als Auto müsstest du schon drei der fünf SuperGewohnheiten nachgehen, um vernünftig zu funktionieren.

Das Problem ist, dass du kein Auto bist, sondern ein Mensch. Und deswegen ist es unerlässlich, dass du auch deinen Geist und deine Seele „wartest". Deswegen sind das Lesen und die Meditation unerlässlich. Lesen ist Balsam für die Seele und Meditation beschäftigt sich mit deinem Geist. Und genau an dieser Stelle sehe ich bei fast allen Menschen das riesige Defizit. Um andere Menschen zu beeindrucken, wird sich ein Sixpack antrainiert. Die Karriere wird vielleicht auch noch bis zum Umfallen verfolgt. Die Accounts in den Sozialen Medien werden regelmäßig mit toll posierten Fotos gefüttert. Diese Handlungen sind allerdings völlig oberflächlich und haben keinen tieferen Sinn. Dabei ist es doch so offensichtlich, dass viel mehr zu einem Menschenleben gehört, als nur das zu tun, was selbst ein Auto benötigt, um zu funktionieren, ein Ding aus Metall, Plastik und Gummi.

Auch bei Menschen, die augenscheinlich alles haben – das umwerfende Aussehen, das große Geld und auch vermeintlich sinnvolle Ziele –, erkenne ich oftmals eine Leere und Unzufriedenheit, die genau auf das eben genannte Problem zurückzuführen ist. Diese Menschen befinden sich oft in kurzen ekstatischen Rauschzuständen, die aber auf lange Sicht fatale Auswirkungen haben können. Es wird immer etwas fehlen! Die fünf SuperGewohnheiten stellen das Gesamtpaket dar, sie bieten dir die Chance, das Beste aus deinem Leben herauszuholen. Für mich benötigen sie auch keinerlei Rechtfertigung. Sie stellen für mich vielmehr eine absolute Notwendigkeit dar. Würde sich jeder Mensch die fünf vorgestellten Verhaltensweisen zur Gewohnheit machen, hätte die Menschheit weniger psychische Probleme, weniger Krankheiten zu beklagen, wir wären ausgeglichener und netter zueinander. Wir hätten mehr Geduld miteinander.

Für mich persönlich stellen Stabilität, Ausgeglichenheit und eine grundlegende Zufriedenheit die wichtigsten Aspekte in einem guten Leben dar. Wenn du das ähnlich siehst, hast du dir mit diesem Buch die richtige Anleitung beschafft. Ich hoffe, du hast das Lesen dieses Buches genossen, denn ich habe das Schreiben und die Arbeit an diesem Buch als eine sehr spannende und erfüllende Aufgabe empfunden. Ich wünsche dir viel Spaß bei der 30-Tage-Challenge und hoffe, du machst tolle Erfahrungen. Selbst wenn beim ersten Mal nicht alles reibungslos läuft, hoffe ich, dass durch das Lesen dieses Buches ein Feuer in dir entfacht wurde, das nie wieder erlischt!

Vorwort zur 30-Tage-Challenge

Alles, was du brauchst, um dein Leben von Grund auf zu ändern, steht in diesem Buch! Die letzten Seiten dieses Buches gehören zu deiner bevorstehenden Challenge. Auf der ersten Seite befinden sich Fragen, die du zunächst wahrheitsgemäß beantwortest. Es handelt sich hierbei sozusagen um deine Erstaufnahme. Nach der Challenge beantwortest du wieder dieselben Fragen und wirst feststellen, dass sich einiges zum Positiven verändert hat! Die restlichen Seiten helfen dir dabei, aufzuzeichnen, wie gut die Challenge läuft. Jede Woche beginnt mit einem Wochenüberblick. Du beschäftigst dich auf diesen Seiten mit deinen Zielen für die jeweilige Woche. Nur die erste Woche hält eine Überraschung für dich bereit. Auf dieser Seite bitte ich dich, dir Gedanken über dein Leben zu machen und dir drei Ziele zu überlegen, die du mittel- bis langfristig erreichen möchtest. Was für mich persönlich der Jahreswechsel darstellt, soll für dich der Beginn dieser Challenge sein: Eine Möglichkeit deinem Leben eine neue Richtung zu geben und dir einen Motivationsschub zu versetzen. Jeder Wochenüberblick beinhaltet außerdem den „BUCHTIPP". Für jeden der 30 Tage findest du eine Seite mit entsprechenden Fragen zu den Super-

Gewohnheiten und deinem Gemütszustand. Jeder 7-Tage-Rhythmus wird von einem Wochenrückblick eingerahmt. Hier ist Platz für deine wichtigsten Erkenntnisse der Woche, für Notizen und Gedanken, die dich während der Woche beschäftigt haben. Schreib auf, wenn eine Woche gut verlief oder dir etwas Wichtiges aufgefallen ist. Das wird dir im Nachhinein helfen, eventuelle Schwierigkeiten zu verstehen oder auch aufzuzeigen, womit du gut zurechtkommst. Mit dem Gewohnheitsbarometer kannst du deine Erfolge der Woche dokumentieren. Für jede absolvierte SuperGewohnheit setzt du einen dicken fetten Haken und kannst dich freuen! Für jede nicht absolvierte vermerkst du ein Kreuz. Und denke daran: „Wenn es mal nicht so läuft", einfach weitermachen!

Tipps

Sobald du das letzte Kapitel zu Ende gelesen hast, lass erstmal sacken, was du in diesem Buch erfahren hast. Mach dir als Erstes ganz ernsthafte und selbstkritische Gedanken über die Umwelt, die dich umgibt. Was ist positiv? Was beeinflusst dich negativ? Was kann ich ändern, um meine Situation zu verbessern? Befolge die Vorschläge zur Änderung deiner Umwelt und rüste dich somit optimal für die bevorstehende Aufgabe!

Mach dir in dem Zuge auch ernsthafte Gedanken über deinen bisherigen Tagesablauf. Erstelle dir auf dieser Basis eine geeignete Morgen- und Abendroutine. Kommst du gut aus dem Bett? Was ist das Erste, das du nach dem Aufstehen machst, und warum? Wann machst du dein Handy an? Schaltest du es abends überhaupt aus?

Setz deine Haken und notiere deine Gedanken auf den eben erwähnten Seiten und absolviere die 30 Tage. Freue dich anschließend über die Ergebnisse, die du erzielt hast. Wenn es nicht so klappt wie gewollt, mache es in einigen Wochen einfach nochmal! Und nochmal! Und nochmal! Irgendwann haut es hin.

Ich wünsche dir viel Spaß bei dieser Aufgabe!

30-Tage-
Challenge

	VOR DER CHALLENGE	NACH DER CHALLENGE
Lebst du dein Leben zielgerichtet?		
Liest du regelmäßig Bücher?		
Tust du etwas für deinen Geist?		
Bewegst du dich täglich?		
Ernährst du dich bewusst?		
Wie entspannt bist du?		
Bist du zufrieden mit deinem Gewicht?		
Wie ist deine körperliche Verfassung?		
Wie geht's dir am Morgen?		
Wie geht's dir abends?		
Wie ist dein Schlaf?		
Wie fühlst du dich insgesamt?		

1 = sehr gut   **2** = gut   **3** = ok   **4** = so lala   **5** = schlecht   **6** = sehr schlecht

WOCHE 1 · ÜBERBLICK

Worauf möchte ich langfristig hinarbeiten? *(Nur für Woche 1)*

1. ....

2. ....

3. ....

Was will ich kommende Woche erreichen?

....

....

Meine Top 3 Ziele der Woche:

1. ....

2. ....

3. ....

Was muss ich dafür tun?

1. ....

2. ....

3. ....

Womit belohne ich mich, wenn ich meine Wochenziele erreicht habe?

....

....

BUCH TIPP

Der Ernährungskompass

Das Fazit aller wissenschaftlichen Studien zum Thema Ernährung –
Mit den 12 wichtigsten Regeln der gesunden Ernährung

Bas Kast

Datum: _____

1

Wie ausgeschlafen fühle ich mich?   1   2   3   4   5   6   7   8   9   10
(1 = müde • 10 = topfit)

Heute habe ich gelesen: JA ☐   NEIN ☐   WIE LANGE? ....

Heute habe ich mich bewegt /
Sport gemacht: JA ☐   NEIN ☐   WIE LANGE? ....

Heute habe ich meditiert: JA ☐   NEIN ☐   WIE LANGE? ....

Mein Intervall:

1   2   3   4   5   6   7   8   9   10   11   12   13   14   15   16   17   18   19   20   21   22   23   24

Wie zufrieden war ich heute?   1   2   3   4   5   6   7   8   9   10
(1 = sehr unzufrieden • 10 = sehr zufrieden)

Was hat diesen Tag besonders gemacht? ....

Denkanstoß

*Wir können nicht von vorne anfangen,
aber wir können jetzt beginnen und
ein neues Ende erschaffen.*

Zig Ziglar

2

Wie ausgeschlafen fühle ich mich?   1   2   3   4   5   6   7   8   9   10

(1 = müde • 10 = topfit)

Heute habe ich gelesen: JA ☐   NEIN ☐   WIE LANGE? ....

Heute habe ich mich bewegt /
Sport gemacht: JA ☐   NEIN ☐   WIE LANGE? ....

Heute habe ich meditiert: JA ☐   NEIN ☐   WIE LANGE? ....

Mein Intervall:

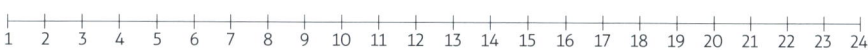

1   2   3   4   5   6   7   8   9   10   11   12   13   14   15   16   17   18   19   20   21   22   23   24

Wie zufrieden war ich heute?   1   2   3   4   5   6   7   8   9   10

(1 = sehr unzufrieden • 10 = sehr zufrieden)

Was hat diesen Tag besonders gemacht? ....

Denkanstoß

Heute ist der perfekte Tag für einen perfekten Tag

Unbekannt

Datum: _____

3

Wie ausgeschlafen fühle ich mich? 1 2 3 4 5 6 7 8 9 10
(1 = müde • 10 = topfit)

Heute habe ich gelesen: JA ☐ NEIN ☐ WIE LANGE? ....

Heute habe ich mich bewegt /
Sport gemacht: JA ☐ NEIN ☐ WIE LANGE? ....

Heute habe ich meditiert: JA ☐ NEIN ☐ WIE LANGE? ....

Mein Intervall:

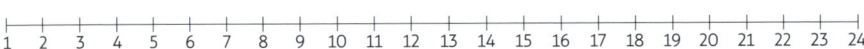

1 2 3 4 5 6 7 8 9 10 11 12 13 14 15 16 17 18 19 20 21 22 23 24

Wie zufrieden war ich heute? 1 2 3 4 5 6 7 8 9 10
(1 = sehr unzufrieden • 10 = sehr zufrieden)

Was hat diesen Tag besonders gemacht? ....

Denkanstoß

Wir sind, was wir immer wieder tun.
Großartigkeit ist demnach keine Kunst,
sondern eine Gewohnheit.

Aristoteles

4

Wie ausgeschlafen fühle ich mich?   1   2   3   4   5   6   7   8   9   10

(1 = müde • 10 = topfit)

Heute habe ich gelesen: JA ☐   NEIN ☐   WIE LANGE? ....

Heute habe ich mich bewegt / Sport gemacht: JA ☐   NEIN ☐   WIE LANGE? ....

Heute habe ich meditiert: JA ☐   NEIN ☐   WIE LANGE? ....

Mein Intervall:

1 2 3 4 5 6 7 8 9 10 11 12 13 14 15 16 17 18 19 20 21 22 23 24

Wie zufrieden war ich heute?   1   2   3   4   5   6   7   8   9   10

(1 = sehr unzufrienden • 10 = sehr zufrieden)

Was hat diesen Tag besonders gemacht? ....

Denkanstoß

*Es gibt nur einen Weg sein Verhalten radikal zu ändern:
Ändere radikal deine Umwelt.*

Dr. B.J. Fogg

Datum: _____

5

Wie ausgeschlafen fühle ich mich?   1   2   3   4   5   6   7   8   9   10
(1 = müde • 10 = topfit)

Heute habe ich gelesen: JA ☐   NEIN ☐   WIE LANGE? ....

Heute habe ich mich bewegt /
Sport gemacht: JA ☐   NEIN ☐   WIE LANGE? ....

Heute habe ich meditiert: JA ☐   NEIN ☐   WIE LANGE? ....

Mein Intervall:

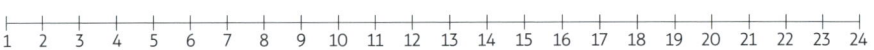

1   2   3   4   5   6   7   8   9   10   11   12   13   14   15   16   17   18   19   20   21   22   23   24

Wie zufrieden war ich heute?   1   2   3   4   5   6   7   8   9   10
(1 = sehr unzufrienden • 10 = sehr zufrieden)

Was hat diesen Tag besonders gemacht? ....

Denkanstoß

*Ein Optimist steht nicht im Regen,
er duscht unter einer Wolke.*

Thomas Romanus

6

Wie ausgeschlafen fühle ich mich?　　1　2　3　4　5　6　7　8　9　10
(1 = müde • 10 = topfit)

Heute habe ich gelesen:　　JA ☐　NEIN ☐　WIE LANGE? ....

Heute habe ich mich bewegt /
Sport gemacht:　　JA ☐　NEIN ☐　WIE LANGE? ....

Heute habe ich meditiert:　　JA ☐　NEIN ☐　WIE LANGE? ....

Mein Intervall:

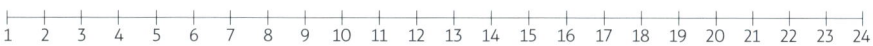

1　2　3　4　5　6　7　8　9　10　11　12　13　14　15　16　17　18　19　20　21　22　23　24

Wie zufrieden war ich heute?　　1　2　3　4　5　6　7　8　9　10
(1 = sehr unzufrienden • 10 = sehr zufrieden)

Was hat diesen Tag besonders gemacht? ....

Denkanstoß

Winners focus on winning.
Losers focus on winners.

Unbekannt

7

Wie ausgeschlafen fühle ich mich?   1   2   3   4   5   6   7   8   9   10
(1 = müde • 10 = topfit)

Heute habe ich gelesen: JA ☐   NEIN ☐   WIE LANGE? ....

Heute habe ich mich bewegt /
Sport gemacht: JA ☐   NEIN ☐   WIE LANGE? ....

Heute habe ich meditiert: JA ☐   NEIN ☐   WIE LANGE? ....

Mein Intervall:

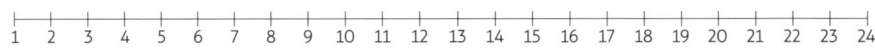

1   2   3   4   5   6   7   8   9   10   11   12   13   14   15   16   17   18   19   20   21   22   23   24

Wie zufrieden war ich heute?   1   2   3   4   5   6   7   8   9   10
(1 = sehr unzufrienden • 10 = sehr zufrieden)

Was hat diesen Tag besonders gemacht? ....

Denkanstoß

*Wie ich die Welt sehe,
ist ein Spiegel von dem, was ich denke.*

Louise L. Hay

WOCHE 1 • RÜCKBLICK

Die wichtigsten Erkenntnisse der Woche:

....

....

GEWOHNHEITSBAROMETER

✓ geschafft ✗ nicht geschafft

Wochenziel erreicht   JA ☐   NEIN ☐

Lesen	MO	DI	MI	DO	FR	SA	SO
Meditation	MO	DI	MI	DO	FR	SA	SO
Bewegung / Sport	MO	DI	MI	DO	FR	SA	SO
Intervallfasten	MO	DI	MI	DO	FR	SA	SO

Was kann ich verbessern?

....

Ideen / Gedanken / Notizen:

....

....

Was will ich kommende Woche erreichen?

....

....

....

....

Meine Top 3 Ziele der Woche:

1. ....

   ....

2. ....

   ....

3. ....

   ....

Was muss ich dafür tun?

1. ....

2. ....

3. ....

Womit belohne ich mich, wenn ich meine Wochenziele erreicht habe?

....

....

BUCH TIPP

Das Café am Rande der Welt

Eine Erzählung über den Sinn des Lebens

John Strelecky

Datum: _____

8

Wie ausgeschlafen fühle ich mich? 1 2 3 4 5 6 7 8 9 10
(1 = müde • 10 = topfit)

Heute habe ich gelesen: JA ☐ NEIN ☐ WIE LANGE? ....

Heute habe ich mich bewegt /
Sport gemacht: JA ☐ NEIN ☐ WIE LANGE? ....

Heute habe ich meditiert: JA ☐ NEIN ☐ WIE LANGE? ....

Mein Intervall:

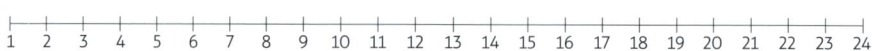

1 2 3 4 5 6 7 8 9 10 11 12 13 14 15 16 17 18 19 20 21 22 23 24

Wie zufrieden war ich heute? 1 2 3 4 5 6 7 8 9 10
(1 = sehr unzufrienden • 10 = sehr zufrieden)

Was hat diesen Tag besonders gemacht? ....

9

Wie ausgeschlafen fühle ich mich?   1   2   3   4   5   6   7   8   9   10
                                      (1 = müde • 10 = topfit)

Heute habe ich gelesen: JA ☐   NEIN ☐   WIE LANGE? ....

Heute habe ich mich bewegt /
Sport gemacht: JA ☐   NEIN ☐   WIE LANGE? ....

Heute habe ich meditiert: JA ☐   NEIN ☐   WIE LANGE? ....

Mein Intervall:

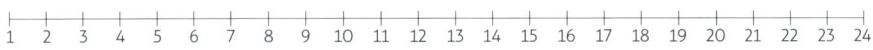

1 2 3 4 5 6 7 8 9 10 11 12 13 14 15 16 17 18 19 20 21 22 23 24

Wie zufrieden war ich heute?   1   2   3   4   5   6   7   8   9   10
                                    (1 = sehr unzufrienden • 10 = sehr zufrieden)

Was hat diesen Tag besonders gemacht? ....

Denkanstoß

Ich war ein Suchender und bin es noch immer,
aber ich habe aufgehört Bücher zu fragen und die Sterne.
Ich begann der Lehre meiner Seele zuzuhören.

Rumi

Datum: _____

10

Wie ausgeschlafen fühle ich mich?   1   2   3   4   5   6   7   8   9   10

(1 = müde • 10 = topfit)

Heute habe ich gelesen: JA ☐   NEIN ☐   WIE LANGE? ....

Heute habe ich mich bewegt /
Sport gemacht: JA ☐   NEIN ☐   WIE LANGE? ....

Heute habe ich meditiert: JA ☐   NEIN ☐   WIE LANGE? ....

Mein Intervall:

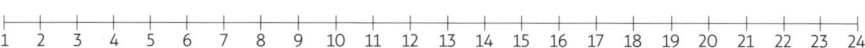

1   2   3   4   5   6   7   8   9   10 11 12 13 14 15 16 17 18 19 20 21 22 23 24

Wie zufrieden war ich heute?   1   2   3   4   5   6   7   8   9   10

(1 = sehr unzufrienden • 10 = sehr zufrieden)

Was hat diesen Tag besonders gemacht? ....

Denkanstoß

*Gib jedem Tag die Chance,
der Schönste deines Lebens zu werden.*

Mark Twain

11

Wie ausgeschlafen fühle ich mich?   1   2   3   4   5   6   7   8   9   10
(1 = müde • 10 = topfit)

Heute habe ich gelesen: JA ☐   NEIN ☐   WIE LANGE? ....

Heute habe ich mich bewegt / Sport gemacht: JA ☐   NEIN ☐   WIE LANGE? ....

Heute habe ich meditiert: JA ☐   NEIN ☐   WIE LANGE? ....

Mein Intervall:

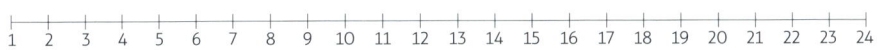

1   2   3   4   5   6   7   8   9   10   11   12   13   14   15   16   17   18   19   20   21   22   23   24

Wie zufrieden war ich heute?   1   2   3   4   5   6   7   8   9   10
(1 = sehr unzufrienden • 10 = sehr zufrieden)

Was hat diesen Tag besonders gemacht? ....

Denkanstoß

*Letztendlich musst du dein eigener Held sein,
denn alle anderen sind damit beschäftigt,
sich selbst zu retten.*

Unbekannt

Datum: _____

12

Wie ausgeschlafen fühle ich mich?   1 2 3 4 5 6 7 8 9 10
                                     (1 = müde • 10 = topfit)

Heute habe ich gelesen: JA ☐   NEIN ☐   WIE LANGE? ....

Heute habe ich mich bewegt /
Sport gemacht: JA ☐   NEIN ☐   WIE LANGE? ....

Heute habe ich meditiert: JA ☐   NEIN ☐   WIE LANGE? ....

Mein Intervall:

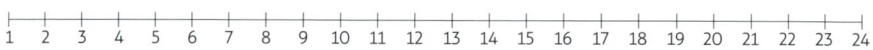

1 2 3 4 5 6 7 8 9 10 11 12 13 14 15 16 17 18 19 20 21 22 23 24

Wie zufrieden war ich heute?   1 2 3 4 5 6 7 8 9 10
                                (1 = sehr unzufrienden • 10 = sehr zufrieden)

Was hat diesen Tag besonders gemacht? ....

Denkanstoß

Wenn du fliegen willst,
musst du den Scheiss loslassen,
der dich runterzieht.

Toni Morrison

13

Wie ausgeschlafen fühle ich mich?   1   2   3   4   5   6   7   8   9   10

(1 = müde • 10 = topfit)

Heute habe ich gelesen: JA ☐   NEIN ☐   WIE LANGE? ....

Heute habe ich mich bewegt / Sport gemacht: JA ☐   NEIN ☐   WIE LANGE? ....

Heute habe ich meditiert: JA ☐   NEIN ☐   WIE LANGE? ....

Mein Intervall:

1   2   3   4   5   6   7   8   9   10   11   12   13   14   15   16   17   18   19   20   21   22   23   24

Wie zufrieden war ich heute?   1   2   3   4   5   6   7   8   9   10

(1 = sehr unzufrienden • 10 = sehr zufrieden)

Was hat diesen Tag besonders gemacht? ....

Denkanstoß

Unglaubliche Veränderungen geschehen in deinem Leben, wenn du dich entscheidest Kontrolle zu übernehmen für die Dinge, über die du die Power hast als sich Kontrolle zu wünschen über den Rest.

Steve Maraboli

Datum: _____

14

Wie ausgeschlafen fühle ich mich?　1　2　3　4　5　6　7　8　9　10

(1 = müde • 10 = topfit)

Heute habe ich gelesen:　　JA ☐　NEIN ☐　WIE LANGE? ....

Heute habe ich mich bewegt /
Sport gemacht:　　　　　　JA ☐　NEIN ☐　WIE LANGE? ....

Heute habe ich meditiert:　　JA ☐　NEIN ☐　WIE LANGE? ....

Mein Intervall:

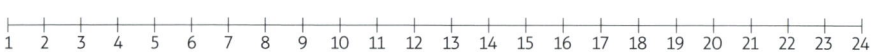

1　2　3　4　5　6　7　8　9　10　11　12　13　14　15　16　17　18　19　20　21　22　23　24

Wie zufrieden war ich heute?　　1　2　3　4　5　6　7　8　9　10

(1 = sehr unzufrienden • 10 = sehr zufrieden)

Was hat diesen Tag besonders gemacht? ....

Denkanstoß

*Der Mensch besteht größtenteils aus Wasser.
Wir waren nie dazu gedacht still und stagnierend zu sein.
Sondern frei zu fließen wie die Flüsse und Seen.*

Beau Taplin

Datum: _____

WOCHE 2 • RÜCKBLICK

Die wichtigsten Erkenntnisse der Woche:

....

....

GEWOHNHEITSBAROMETER

✓ geschafft ✗ nicht geschafft

Wochenziel erreicht   JA ☐   NEIN ☐

Lesen	MO	DI	MI	DO	FR	SA	SO
Meditation	MO	DI	MI	DO	FR	SA	SO
Bewegung / Sport	MO	DI	MI	DO	FR	SA	SO
Intervallfasten	MO	DI	MI	DO	FR	SA	SO

Was kann ich verbessern?

....

Ideen / Gedanken / Notizen:

....

....

Was will ich kommende Woche erreichen?

....

....

....

....

Meine Top 3 Ziele der Woche:

1. ....

   ....

2. ....

   ....

3. ....

   ....

<mark>*Was muss ich dafür tun?*</mark>

1. ....

2. ....

3. ....

<mark>*Womit belohne ich mich, wenn ich meine Wochenziele erreicht habe?*</mark>

....

....

BUCH TIPP

Kurze Antworten auf große Fragen

Stephen Hawking

Datum: _____

15

Wie ausgeschlafen fühle ich mich?   1 2 3 4 5 6 7 8 9 10

(1 = müde • 10 = topfit)

Heute habe ich gelesen: JA ☐   NEIN ☐   WIE LANGE? ....

Heute habe ich mich bewegt / Sport gemacht: JA ☐   NEIN ☐   WIE LANGE? ....

Heute habe ich meditiert: JA ☐   NEIN ☐   WIE LANGE? ....

Mein Intervall:

1 2 3 4 5 6 7 8 9 10 11 12 13 14 15 16 17 18 19 20 21 22 23 24

Wie zufrieden war ich heute?   1 2 3 4 5 6 7 8 9 10

(1 = sehr unzufrieden • 10 = sehr zufrieden)

Was hat diesen Tag besonders gemacht? ....

Denkanstoß

Es gibt Diebe, die von keinem Gericht der Welt
zur Verantwortung gezogen werden,
Und doch stehlen sie mir das Wichtigste – meine Zeit.

Napoleon Bonaparte

16

Wie ausgeschlafen fühle ich mich?   1   2   3   4   5   6   7   8   9   10
(1 = müde · 10 = topfit)

Heute habe ich gelesen: JA ☐   NEIN ☐   WIE LANGE? ....

Heute habe ich mich bewegt / Sport gemacht: JA ☐   NEIN ☐   WIE LANGE? ....

Heute habe ich meditiert: JA ☐   NEIN ☐   WIE LANGE? ....

Mein Intervall:

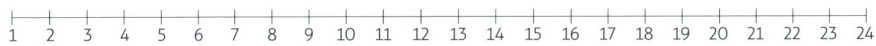

1   2   3   4   5   6   7   8   9   10   11   12   13   14   15   16   17   18   19   20   21   22   23   24

Wie zufrieden war ich heute?   1   2   3   4   5   6   7   8   9   10
(1 = sehr unzufrieden · 10 = sehr zufrieden)

Was hat diesen Tag besonders gemacht? ....

Denkanstoß

*Lass los und schätze die Überraschungen,
die das Leben dir geben will.*

J.M. de los Reyes

Datum: _____

17

Wie ausgeschlafen fühle ich mich? 1 2 3 4 5 6 7 8 9 10
(1 = müde • 10 = topfit)

Heute habe ich gelesen: JA ☐ NEIN ☐ WIE LANGE? ....

Heute habe ich mich bewegt /
Sport gemacht: JA ☐ NEIN ☐ WIE LANGE? ....

Heute habe ich meditiert: JA ☐ NEIN ☐ WIE LANGE? ....

Mein Intervall:

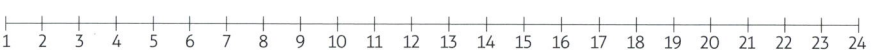

1 2 3 4 5 6 7 8 9 10 11 12 13 14 15 16 17 18 19 20 21 22 23 24

Wie zufrieden war ich heute? 1 2 3 4 5 6 7 8 9 10
(1 = sehr unzufrienden • 10 = sehr zufrieden)

Was hat diesen Tag besonders gemacht? ....

Denkanstoß

*Sie sagen immer, Zeit ändert die Dinge,
aber du musst sie in Wirklichkeit selbst verändern.*

Andy Warhol

18

Wie ausgeschlafen fühle ich mich?   1   2   3   4   5   6   7   8   9   10

(1 = müde • 10 = topfit)

Heute habe ich gelesen: JA ☐   NEIN ☐   WIE LANGE? ....

Heute habe ich mich bewegt / Sport gemacht: JA ☐   NEIN ☐   WIE LANGE? ....

Heute habe ich meditiert: JA ☐   NEIN ☐   WIE LANGE? ....

Mein Intervall:

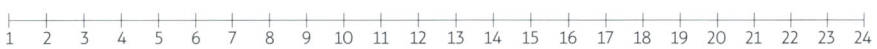

1   2   3   4   5   6   7   8   9   10   11   12   13   14   15   16   17   18   19   20   21   22   23   24

Wie zufrieden war ich heute?   1   2   3   4   5   6   7   8   9   10

(1 = sehr unzufrienden • 10 = sehr zufrieden)

Was hat diesen Tag besonders gemacht? ....

Denkanstoß

Du kannst keinen Millionen Dollar Traum haben mit einem minimalen Einsatz an Arbeitsmoral.

S. Hogan

Datum: _____

19

Wie ausgeschlafen fühle ich mich?   1   2   3   4   5   6   7   8   9   10
                                                   (1 = müde • 10 = topfit)

Heute habe ich gelesen: JA ☐   NEIN ☐   WIE LANGE? ....

Heute habe ich mich bewegt /
Sport gemacht: JA ☐   NEIN ☐   WIE LANGE? ....

Heute habe ich meditiert: JA ☐   NEIN ☐   WIE LANGE? ....

Mein Intervall:

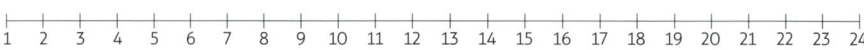

Wie zufrieden war ich heute?   1   2   3   4   5   6   7   8   9   10
                                         (1 = sehr unzufrienden • 10 = sehr zufrieden)

Was hat diesen Tag besonders gemacht? ....

Denkanstoß

*Es sind nie die Ereignisse, die uns beunruhigen,
sondern die Bedeutungen, die wir ihnen geben.*

Dieter Lange

20

Wie ausgeschlafen fühle ich mich?   1   2   3   4   5   6   7   8   9   10

(1 = müde • 10 = topfit)

Heute habe ich gelesen: JA ☐   NEIN ☐   WIE LANGE? ....

Heute habe ich mich bewegt / Sport gemacht: JA ☐   NEIN ☐   WIE LANGE? ....

Heute habe ich meditiert: JA ☐   NEIN ☐   WIE LANGE? ....

Mein Intervall:

1   2   3   4   5   6   7   8   9   10   11   12   13   14   15   16   17   18   19   20   21   22   23   24

Wie zufrieden war ich heute?   1   2   3   4   5   6   7   8   9   10

(1 = sehr unzufrieden • 10 = sehr zufrieden)

Was hat diesen Tag besonders gemacht? ....

Denkanstoß

*Das beste Projekt an dem du jemals
arbeiten wirst, bist du!*

Annika Boche

Datum: _____

21

Wie ausgeschlafen fühle ich mich?   1   2   3   4   5   6   7   8   9   10

(1 = müde • 10 = topfit)

Heute habe ich gelesen: JA ☐   NEIN ☐   WIE LANGE? ....

Heute habe ich mich bewegt /
Sport gemacht: JA ☐   NEIN ☐   WIE LANGE? ....

Heute habe ich meditiert: JA ☐   NEIN ☐   WIE LANGE? ....

Mein Intervall:

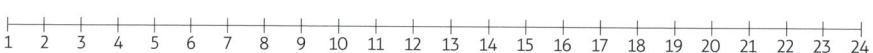

1 2 3 4 5 6 7 8 9 10 11 12 13 14 15 16 17 18 19 20 21 22 23 24

Wie zufrieden war ich heute?   1   2   3   4   5   6   7   8   9   10

(1 = sehr unzufrienden • 10 = sehr zufrieden)

Was hat diesen Tag besonders gemacht? ....

Denkanstoß

*Ich weiß nicht, warum die Leute denken, dass es schlau ist,
sein Privatleben öffentlich zu machen. Sie vergessen,
dass Unsichtbarkeit eine Superkraft ist.*

Banksy

WOCHE 3 • RÜCKBLICK

Die wichtigsten Erkenntnisse der Woche:

....

....

GEWOHNHEITSBAROMETER

✓ geschafft ✗ nicht geschafft

Wochenziel erreicht   JA ☐   NEIN ☐

Lesen	MO	DI	MI	DO	FR	SA	SO
Meditation	MO	DI	MI	DO	FR	SA	SO
Bewegung / Sport	MO	DI	MI	DO	FR	SA	SO
Intervallfasten	MO	DI	MI	DO	FR	SA	SO

Was kann ich verbessern?

....

Ideen / Gedanken / Notizen:

....

....

9-TAGE · ÜBERBLICK

Was will ich kommende 9-Tage erreichen?

....

....

....

....

Meine Top 3 Ziele der 9-Tage:

1. ....

....

2. ....

....

3. ....

....

Was muss ich dafür tun?

1. ....

2. ....

3. ....

Womit belohne ich mich, wenn ich meine 9-Tages-Ziele erreicht habe?

....

....

BUCH TIPP

Die 4-Stunden-Woche
Mehr Zeit, mehr Geld, mehr Leben

Timothy Ferriss

Datum: _____

22

Wie ausgeschlafen fühle ich mich?   1   2   3   4   5   6   7   8   9   10
                                                          (1 = müde · 10 = topfit)

Heute habe ich gelesen: JA ☐   NEIN ☐   WIE LANGE? ....

Heute habe ich mich bewegt /
Sport gemacht: JA ☐   NEIN ☐   WIE LANGE? ....

Heute habe ich meditiert: JA ☐   NEIN ☐   WIE LANGE? ....

Mein Intervall:

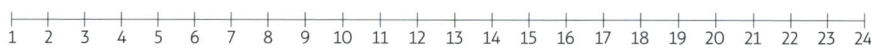

1 2 3 4 5 6 7 8 9 10 11 12 13 14 15 16 17 18 19 20 21 22 23 24

Wie zufrieden war ich heute?   1   2   3   4   5   6   7   8   9   10
                                                  (1 = sehr unzufrieden · 10 = sehr zufrieden)

Was hat diesen Tag besonders gemacht? ....

Denkanstoß

Erfolg ist nicht final, Versagen nicht fatal.
Es ist der Mut weiterzumachen, der zählt.

Winston Churchill

Datum: _____

23

Wie ausgeschlafen fühle ich mich?   1 2 3 4 5 6 7 8 9 10
(1 = müde • 10 = topfit)

Heute habe ich gelesen: JA ☐   NEIN ☐   WIE LANGE? ....

Heute habe ich mich bewegt / Sport gemacht: JA ☐   NEIN ☐   WIE LANGE? ....

Heute habe ich meditiert: JA ☐   NEIN ☐   WIE LANGE? ....

Mein Intervall:

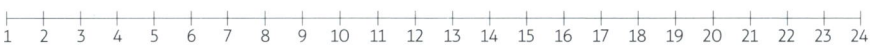

1 2 3 4 5 6 7 8 9 10 11 12 13 14 15 16 17 18 19 20 21 22 23 24

Wie zufrieden war ich heute?   1 2 3 4 5 6 7 8 9 10
(1 = sehr unzufrienden • 10 = sehr zufrieden)

Was hat diesen Tag besonders gemacht? ....

Denkanstoß

Wenn du ein glückliches Leben führen willst, verknüpfe es mit einem Ziel, nicht mit Menschen oder Dingen.

Albert Einstein

Datum: _____

24

Wie ausgeschlafen fühle ich mich?   1   2   3   4   5   6   7   8   9   10
                                                                          (1 = müde • 10 = topfit)

Heute habe ich gelesen: JA ☐   NEIN ☐   WIE LANGE? ....

Heute habe ich mich bewegt /
Sport gemacht: JA ☐   NEIN ☐   WIE LANGE? ....

Heute habe ich meditiert: JA ☐   NEIN ☐   WIE LANGE? ....

Mein Intervall:

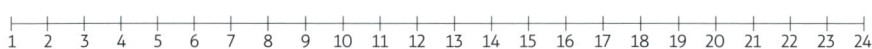

1   2   3   4   5   6   7   8   9   10   11   12   13   14   15   16   17   18   19   20   21   22   23   24

Wie zufrieden war ich heute?   1   2   3   4   5   6   7   8   9   10
                                                   (1 = sehr unzufrienden • 10 = sehr zufrieden)

Was hat diesen Tag besonders gemacht? ....

Denkanstoß

Alles ist schwer bevor es leicht wird.

Goethe.

25

Wie ausgeschlafen fühle ich mich?   1   2   3   4   5   6   7   8   9   10
(1 = müde • 10 = topfit)

Heute habe ich gelesen: JA ☐   NEIN ☐   WIE LANGE? ....

Heute habe ich mich bewegt /
Sport gemacht: JA ☐   NEIN ☐   WIE LANGE? ....

Heute habe ich meditiert: JA ☐   NEIN ☐   WIE LANGE? ....

Mein Intervall:

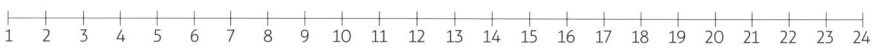

Wie zufrieden war ich heute?   1   2   3   4   5   6   7   8   9   10
(1 = sehr unzufrienden • 10 = sehr zufrieden)

Was hat diesen Tag besonders gemacht? ....

Denkanstoß

Nicht Glück oder Unglück, der Tiefgang
des Lebens ist es worauf es ankommt.

Thomas Mann

Datum: _____

26

Wie ausgeschlafen fühle ich mich?   1   2   3   4   5   6   7   8   9   10
                                                          (1 = müde • 10 = topfit)

Heute habe ich gelesen: JA ☐   NEIN ☐   WIE LANGE? ....

Heute habe ich mich bewegt /
Sport gemacht: JA ☐   NEIN ☐   WIE LANGE? ....

Heute habe ich meditiert: JA ☐   NEIN ☐   WIE LANGE? ....

Mein Intervall:

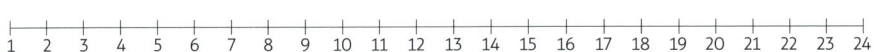

1   2   3   4   5   6   7   8   9   10   11   12   13   14   15   16   17   18   19   20   21   22   23   24

Wie zufrieden war ich heute?   1   2   3   4   5   6   7   8   9   10
                                          (1 = sehr unzufrienden • 10 = sehr zufrieden)

Was hat diesen Tag besonders gemacht? ....

Denkanstoß

*Das Wesentliche am Umgang
miteinander ist nicht der Gleichklang,
sondern der Zusammenklang.*

Unbekannt

27

Wie ausgeschlafen fühle ich mich?   1   2   3   4   5   6   7   8   9   10
(1 = müde • 10 = topfit)

Heute habe ich gelesen: JA ☐   NEIN ☐   WIE LANGE? ....

Heute habe ich mich bewegt / Sport gemacht: JA ☐   NEIN ☐   WIE LANGE? ....

Heute habe ich meditiert: JA ☐   NEIN ☐   WIE LANGE? ....

Mein Intervall:

1   2   3   4   5   6   7   8   9   10   11   12   13   14   15   16   17   18   19   20   21   22   23   24

Wie zufrieden war ich heute?   1   2   3   4   5   6   7   8   9   10
(1 = sehr unzufrienden • 10 = sehr zufrieden)

Was hat diesen Tag besonders gemacht? ....

Denkanstoß

*Nichts ist entspannender
als das anzunehmen, was kommt.*

Dalai Lama

Datum: _____

28

Wie ausgeschlafen fühle ich mich? 1 2 3 4 5 6 7 8 9 10
(1 = müde • 10 = topfit)

Heute habe ich gelesen: JA ☐ NEIN ☐ WIE LANGE? ....

Heute habe ich mich bewegt / Sport gemacht: JA ☐ NEIN ☐ WIE LANGE? ....

Heute habe ich meditiert: JA ☐ NEIN ☐ WIE LANGE? ....

Mein Intervall:

1 2 3 4 5 6 7 8 9 10 11 12 13 14 15 16 17 18 19 20 21 22 23 24

Wie zufrieden war ich heute? 1 2 3 4 5 6 7 8 9 10
(1 = sehr unzufrienden • 10 = sehr zufrieden)

Was hat diesen Tag besonders gemacht? ....

Denkanstoß

*Wenn man es nicht schafft zu planen,
plant man es nicht zu schaffen.*

Benjamin Franklin

29

Wie ausgeschlafen fühle ich mich? 1 2 3 4 5 6 7 8 9 10
(1 = müde • 10 = topfit)

Heute habe ich gelesen: JA ☐ NEIN ☐ WIE LANGE? ....

Heute habe ich mich bewegt /
Sport gemacht: JA ☐ NEIN ☐ WIE LANGE? ....

Heute habe ich meditiert: JA ☐ NEIN ☐ WIE LANGE? ....

Mein Intervall:

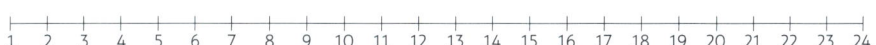

1 2 3 4 5 6 7 8 9 10 11 12 13 14 15 16 17 18 19 20 21 22 23 24

Wie zufrieden war ich heute? 1 2 3 4 5 6 7 8 9 10
(1 = sehr unzufrienden • 10 = sehr zufrieden)

Was hat diesen Tag besonders gemacht? ....

Denkanstoß

It's not working, if you're not working.

Tammy Hembrow

Datum: _____

30

Wie ausgeschlafen fühle ich mich?   1   2   3   4   5   6   7   8   9   10
                                     (1 = müde • 10 = topfit)

Heute habe ich gelesen: JA ☐   NEIN ☐   WIE LANGE? ....

Heute habe ich mich bewegt /
Sport gemacht: JA ☐   NEIN ☐   WIE LANGE? ....

Heute habe ich meditiert: JA ☐   NEIN ☐   WIE LANGE? ....

Mein Intervall:

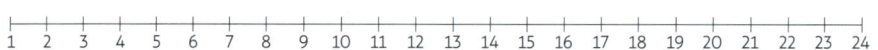

1 2 3 4 5 6 7 8 9 10 11 12 13 14 15 16 17 18 19 20 21 22 23 24

Wie zufrieden war ich heute?   1   2   3   4   5   6   7   8   9   10
                                  (1 = sehr unzufrienden • 10 = sehr zufrieden)

Was hat diesen Tag besonders gemacht? ....

Denkanstoß

*Menschen mit Mut und Charakter
sind anderen Menschen meist unheimlich.*

Hermann Hesse

9-TAGE · RÜCKBLICK

Die wichtigsten Erkenntnisse der 9-Tage:

....

....

GEWOHNHEITSBAROMETER
✓ geschafft   ✗ nicht geschafft

9-Tages-Ziel erreicht   JA ☐   NEIN ☐

Lesen	MO	DI	MI	DO	FR	SA	SO	MO	DI
Meditation	MO	DI	MI	DO	FR	SA	SO	MO	DI
Bewegung / Sport	MO	DI	MI	DO	FR	SA	SO	MO	DI
Intervallfasten	MO	DI	MI	DO	FR	SA	SO	MO	DI

Was kann ich verbessern?

....

Ideen / Gedanken / Notizen:

....

....

Literaturverzeichnis

Arte (Fernsehsender)
„Fasten und Heilen", Dokumentation auf Arte vom 06.03.2015.

Becker, Michael Ganesh
„Zur Harmonie in dir", S. 67–71, Books on Demand GmbH, Norderstedt.

Lucas Carden and Wendy Wood
„Habit formation and change", Current Opinion in Behavioral Sciences Volume 20, ScienceDirect, *https://doi.org/10.1016/j.cobeha.2017.12.009*

Davidson, J. Richard
„Empirical Explorations of Mindfullness", University of Wisconsin-Madison

Duden
https://www.duden.de/rechtschreibung/Gewohnheit

Schneider, Ute (2014)
„Wozu lesen?", S. 269–279, erschienen im DeGruyter-Verlag, IASL 2014; 39(1) 268–283

Stoner, Jesse (1988)
„Visionary Leadership, Management, and High performing work Units", Dissertation an der Universität von Massachusetts.

Zeug, Katrin (2013)
„Mach es anders!", Artikel erschienen bei „Zeit Online" am 12. Februar 2013.